Umschlagmotiv: Palmyra

Herausgeber: Polyglott-Redaktion
Autor: Ralph R. Braun
Lektorat: Kirsten Winkler
Bildredaktion: Nicole Häusler
Art Direction: Illustration & Graphik Forster GmbH, Hamburg
Karten und Pläne: Christiane Reiß
Titeldesign-Konzept: V. Barl
Realisation: Studio Wolf Brannasky
Zitatnachweis S. 65: Lepsius, Johannes (Hg.), Deutschland und Armenien 1914–1918, © Donat & Temmen Verlag, Bremen 1986, Aktenstück 203.

Ergänzende Anregungen, für die wir jederzeit dankbar sind, bitten wir zu richten an:
Polyglott-Verlag, Redaktion, Postfach 40 11 20, D-80711 München.
E-Mail: redaktion@polyglott.de oder PolyRed@AOL.com.

Surfen online mit Polyglott: http://www.polyglott.de und bei AOL unter dem Kennwort „Polyglott".

Zeichenerklärung

- Information
- Flugverbindungen
- Eisenbahnverbindungen
- Busverbindungen
- Campingplatz
- Öffnungszeiten
- Telefonnummer
- Faxnummer
- Hotel
- $$$ über 100 US-$
- $$ 30–100 US-$
- $ unter 30 US-$
- Restaurant (dreigängiges Menü mit alkoholfreiem Getränk)
- $$$ über 700 SP
- $$ 300–700 SP
- $ unter 300 SP

Routenpläne

- Route mit Routenziffer
- Autobahn, Schnellstraße
- sonstige Straßen, Wege
- Staatsgrenze, Landesgrenze
- Waffenstillstandslinie vom 3. April 1949
- Feuereinstellungslinie vom Juni 1967
- National-, Naturparksgrenze

Stadtpläne

Komplett aktualisierte Auflage 1999/2000

Redaktionsschluß: November 1998

Printed in Germany / II.
Gedruckt auf chlorfrei gebleichtem Papier
ISBN 3-493-62948-6

Polyglott-Reiseführer

Syrien

Ralph R. Braun

Polyglott-Verlag München

INHALT

Allgemeines

Städtebeschreibungen

Routen

Routen

Bildnachweis

Alle Fotos Ralph Braun, außer: Archiv für Kunst und Geschichte, Berlin: 15, 17/1. Hedda Eid: 1, 9/2, 13/1, 19/1, 27, 33/1, 51, 59/2, 65, 75/1, 79/3. Johannes Frangenberg: 87/2. Bernd Helms: 7/2, 9/1, 13/2, 19/2, 21/1+3, 29/2, 31/2-3, 41/1-2, 43, 55/1, 63/1, 73/2, 77/2, 79/1, 83/2, 91/1. Martin Kirchner: 6, 7/1, 17/2-3, 23, 25/1-2, 29/1, 31/1, 33/2, 47/1, 55/2, 71, 75/2. Axel Winkler: 11, 37/1, 57/2, 59/1, 61/1-2, 67/1, 69, 83/1, 91/2. Bavaria-Bildagentur/Mollenhauer: Umschlag (Bild). Superbild/Bernd Ducke: Umschlag (Flagge).

Fremde Kulturen kennenlernen und gastfreundlichen Menschen begegnen – wie sehr genießen wir das auf Reisen. Zu Hause bei uns jedoch wird mancher Ausländer von einer kleinen Minderheit beschimpft, bedroht und sogar mißhandelt. Alle, die in fremden Ländern Gastrecht genossen haben, tragen hier besondere Verantwortung. Deshalb: Lassen Sie es nicht zu, daß Ausländer diffamiert und angegriffen werden. Lassen Sie uns gemeinsam für die Würde des Menschen einstehen.

Verlagsleitung und Mitarbeiter des Polyglott-Verlages

Editorial

„Warum denn ausgerechnet Syrien?“, fragen mich Freunde erstaunt bis beunruhigt vor jeder Reise. „Kommt man da denn überhaupt rein?“ Man kommt, und es lohnt sich – jedenfalls für alle, die in ihren Ferien nicht ausschließlich faul am Badestrand liegen, sondern ein bei uns weitgehend unbekanntes Land hautnah erleben möchten. Massentourismus ist in Syrien bislang ein Fremdwort. In kaum einem anderen Land sind die Menschen Besuchern gegenüber so aufgeschlossen und betrachten jeden Reisenden als ihren persönlichen Gast, ohne dabei auf seinen Geldbeutel zu schielen. Handwerk, das anderenorts längst von industrieller Massenfertigung verdrängt wurde, hat in Syrien noch goldenen Boden – mit den Suqs von Aleppo und Damaskus können selbst die Märkte von Kairo und Istanbul nicht mithalten.

Viele Syrer bedauern, daß ihr Land im Westen so wenig bekannt ist oder sogar verkannt wird. Dabei steht Syrien für den jahrtausendealten Kontakt, ja die gegenseitige Befruchtung von Ost und West. Nicht Italien, sondern Syrien ist das größte Freilichtmuseum frühchristlichen Kirchenbaus; nicht Deutschland, sondern Syrien besitzt die schönsten mittelalterlichen Ritterburgen.

Die seltenen Schlagzeilen, die Syrien in unserer Tagespresse bekommt, gereichen dem Land nicht immer zum besten. Das mit harter Hand geführte Regime gewährleistet immerhin ein hohes Maß an persönlicher Sicherheit. Auch in den Großstädten kann jedermann (und -frau!) selbst nachts unbesorgt flanieren. Der Konflikt zwischen Islam und Moderne, der andere Länder bis in die Fundamente erschüttert, ist hier kein Thema. Leben und leben lassen!

Deshalb reise ich gerne nach Syrien.

Der Autor

Ralph R. Braun,
Jahrgang 1953, studierte Geschichte, Politik, Germanistik und Geographie und arbeitete zunächst als Lehrer und Reiseleiter. Seit 1984 schreibt er als Reisebuchautor über den Mittelmeerraum, die islamischen Länder und seine Wahlheimat, den Bodensee.

Land und Leute

Westsyrien umfaßt die mediterrane *Küstenebene* und das nur wenige Kilometer landeinwärts in nordsüdlicher Richtung verlaufende Kalkmassiv des *Djebel Ansariye* (auch: Nusairiye). Diese 1200 bis 1600 m hohe Barriere versperrt dem in der libanesischen Bekaa-Ebene entspringenden Orontes den direkten Weg ins Meer und zwingt ihn zu einem langen Umweg nach Norden. Unterwegs betreibt der arabisch Nahr al-Assi – „der Rebell“ – genannte Fluß, der freilich längst durch Staudämme gezähmt wurde, die Wasserräder von Hama und bewässert die Weizen- und Baumwollfelder der *Ghab.* Diese Niederung gehört zum westlichen Bogen des sogenannten fruchtbaren Halbmonds, der sich über die *Hochebene von Idlib* und Aleppo zum *Euphrat* fortsetzt – ein alter Verkehrsweg zwischen Mesopotamien und Palästina, auf dem schon der Stammvater Abraham mit seinen Herden ins Heilige Land zog.

Östlich von Aleppo staut der Thaura-Damm den Euphrat zu einem 50 km langen See und versorgt die Städte mit Strom sowie die Felder mit Wasser. Auch entlang seiner Nebenflüsse Balikh und Khabur sowie an der türkischen Grenze wurden seit dem Zweiten Weltkrieg breite Streifen neuen Fruchtlands gewonnen, so daß die *Djezire* („Insel“) genannte Ebene zwischen Euphrat und Tigris viele unternehmungslustige Neusiedler anlockte.

In der *Badiye,* dem Land südlich des Euphrat, leben dagegen die Beduinen. Eine magere Steppenvegetation nährt ihre genügsamen Schafe und Ziegen; wenn nach den seltenen Winterregen die eigentliche Wüste nahe der irakischen und jordanischen Grenze für kurze Zeit von schütterem Grün durchsetzt ist, werden die Tiere auf Lastwagen verfrachtet und nach Süden gebracht. In der Oase *Palmyra* (arab. Tadmur), der geographischen Mitte Syriens, zeigt die Natur, wie der scheinbar karge Boden, wenn er genügend Wasser erhält, sogar Palmen, Oliven- und Obstbäume zu nähren vermag.

Die Landschaft im äußersten Süden Syriens wird vom 1825 m hohen *Djebel al-Arab* (auch: Djebel ad-Druz) bestimmt. Der schildförmige, längst erloschene Vulkan hat seine Umgebung mit einer Basaltschicht überzogen. Dieser grauschwarze Stein gibt den Dörfern der Ebene *Hauran* eine düstere, geheimnisvolle Atmosphäre. In römischer Zeit war Hauran die Kornkammer Syriens, und manche antike Zisterne wird bis heute genutzt.

Parallel zu dem schon in Galiläa anhebenden Libanongebirge versperrt noch ein zweiter Gebirgszug dem Süden Syriens den Zugang zum Meer und läßt nur einen Bruchteil der mediterranen Winterregen das Land erreichen. Diese Kette beginnt mit dem israelisch besetzten *Golan* und gipfelt im biblischen Berg *Hermon* (arab. Djebel ash-Sheikh). Der 2814 m hohe, bis in den Juni schneebedeckte Berg erinnert an die weißen Kappen drusischer Scheichs. Auf dem Kamm des im weiteren Verlauf *Djebel ash-Sharqi* genannten Gebirges verläuft die syrisch-libanesische Grenze. Die hier entspringenden Flüsse, allen voran der Barada, formen zunächst anmutige Hochtäler und bewässern dann die *Ghuta* von Damaskus, eine von arabischen Dichtern im Wortsinn hymnisch besungene Bewässerungsoase um die Hauptstadt, bis sie sich am Rande der Wüste verlieren.

Klima und Reisezeit

Für eine Syrienreise empfehlen sich mit erträglichen Temperaturen die Wochen von Ende September bis Mitte November und vor allem der Frühling, wenn sich das Land von seiner grünen Seite zeigt. Wegen der großen Temperaturunterschiede zwischen Tag und Nacht sollte man neben Sonnenbrille und

-hut auch einen Pullover ins Reisegepäck stecken.

Im Sommer empfinden Mitteleuropäer nur das Klima im Hochgebirge und an der Küste, wo das vergleichsweise kühle Meer die Temperatur etwas abmildert, als angenehm. In Damaskus und Aleppo steigt das Thermometer jedoch regelmäßig auf 40 °C, und in der Wüste liegen die Mittagstemperaturen noch einige Grad darüber. Sand- und Staubstürme lassen vor allem in der heißen Jahreszeit die Zähne knirschen. Winterreisende hingegen haben an der Küste mit Regen zu rechnen und erleben Damaskus vielleicht im Schnee.

Natur und Umwelt

Von den Gebirgen bis in die Wüste ist Syriens Landschaft von wenigen Ausnahmen abgesehen nicht mehr naturbelassen, sondern das Ergebnis menschlicher Eingriffe, die der Tier- und Pflanzenwelt durchweg zum Schaden gereichten. 3000 Jahre Hochkultur haben den dichten *Wald*, der den Westen Syriens einst bedeckte und von dem die Bibel und andere antike Quellen berichten, nahezu völlig vernichtet. Das Holz wurde zum Bau von Schiffen und Häusern verwendet, in Kalk- und Schmelzöfen verfeuert und zu Holzkohle verarbeitet; nachwachsende Jungbäume fielen dem Verbiß gefräßiger Ziegen zum Opfer. Nur an der Küste bei al-Basit hat sich ein mit Kermeseichen durchsetzter Pinienwald gehalten, und in einem geschützten Reservat bei Slenfeh im Djebel Ansariye scheint sich unter der Obhut der Forstverwaltung der Gebirgswald aus Eichen, Ahorn und Hainbuchen wieder zu erholen.

Die Vegetation im Kalkgebiet um El Barah

Auch die syrische *Wüste* ist weithin menschengemacht. Unter natürlichen Bedingungen erlaubt selbst geringer Niederschlag noch eine Vegetation aus kniehohen Gräsern und Zwergsträuchern. Bis auf die von Ziegen und Kamelen verschmähten Tamarisken fiel dieses Pflanzenkleid den Beduinen und ihren Herden, die heute auch weit abseits der Quellen und Zisternen weiden, zum Opfer – Lastwagen bringen Trinkwasser in jeden Winkel der Wüste.

Einzig die öden Basaltfelder um den Djebel al-Arab trugen seit jeher nur Flechten und Moose und präsentieren sich damit noch genau so wie zu Abrahams Zeiten.

Bevölkerung und Religionen

Syrien ist ein Land von außergewöhnlicher ethnischer und religiöser Vielfalt. Gut drei Viertel seiner Bevölkerung gehören dem sunnitischen Islam an, der Hauptrichtung der jüngsten, dem Propheten Mohammed zwischen 610 und 632 in Mekka und Medina geoffenbarten Weltreligion. Diese *Sunniten* berufen sich außer auf das im Koran festgehaltene Wort Gottes auch auf die Sunna, die Überlieferung der Worte und Taten des Propheten. Neben der überwiegenden Mehrheit der syrischen Araber zählen die in einzelnen Dörfern am Mittelmeer lebenden Türken und die über das Land versprengten, im letzten Jahrhundert vor den zaristischen Verfolgungen aus dem Kaukasus geflohenen Tscherkessen ebenfalls zu den Sunniten sowie schließlich auch die in einem breiten Streifen entlang der türkischen Grenze siedelnden Kurden.

Bei der Auseinandersetzung um die Nachfolge Mohammeds unterlag 661 die Partei (arab. shi'a) seines Schwiegersohns Ali dem Omayyaden Mu'awiya. Die *Schiiten,* wie sie genannt werden, erkennen nur Ali und dessen Nachfahren als rechtmäßige Führer (Imams) der Muslime an. Für ihre Hauptströmung, die vor allem im Iran, Irak und Libanon beheimateten, in Syrien aber bedeutungslosen Zwölfer-Schiiten, bricht die Linie nach dem 12. Imam ab – er ist nicht etwa gestorben, sondern in die Verborgenheit entrückt und wird, so der Glaube, eines Tages zurückkehren.

Im Streit über die Frage, ob der 760 noch vor seinem Vater, dem 6. Imam Djafar as-Sadiq, verschiedene Isma'il als 7. Imam zu betrachten sei oder aber Isma'ils jüngerer Bruder Musa, spalteten sich die *Ismailiten* von der schiitischen Mehrheit ab. Seit dem 19. Jh. siedeln sie in der Steppe östlich von Hama.

Von den Ismailiten spalteten sich im 10. Jh. wiederum die im Djebel Ansariye ansässigen *Alawiten* ab. Syriens zweitgrößte Konfession hat über das Offizierskorps und die regierende Ba'th-Partei, wo die Alawiten verhältnismäßig stark vertreten sind, heute großen Einfluß auf die Geschicke des Landes. Auch Staatspräsident Hafiz al-Assad entstammt einer alawitischen Familie.

Noch weiter von der islamischen Hauptrichtung haben sich die am Golan und am Djebel al-Arab siedelnden *Drusen* entfernt, die von den meisten Muslimen als Häretiker geächtet werden. Wie die Alawiten pflegen die Drusen eine Geheimreligion. Nur wenige „Wissende" haben vollen Einblick in die heiligen Schriften und die Lehre. Gewöhnliche Gläubige können in diesen mit einem streng religiösen Leben verbundenen Rang erst nach langer Unterweisung aufsteigen. Die Drusen betrachten den Kalifen al-Hakim (gest. 1021), der in Kairo nach 350 Jahren Toleranz Christen und Juden drangsalierte, als göttliche Inkarnation.

Wirtschaft

Bis zum Zusammenbruch der Sowjetunion strebte die syrische Wirtschaftspolitik nach größtmöglicher Autarkie des Landes. Zur Ausdehnung der Anbauflächen und zur Erhöhung der Stromproduktion wurde massiv in den Bau von Staudämmen investiert.

Die Landwirtschaft liegt, abgesehen von einigen größeren Staatsgütern, überwiegend in Händen von Kleinbauern. Die großen Industriebetriebe jedoch gehören dem Staat, der die Wirtschaft mit einer aufgeblähten und allmächtigen Bürokratie gängelt. Die Belastung des Landes durch außergewöhnlich hohe Militärausgaben, mit denen die Armee ein „strategisches Gleichgewicht“ gegenüber dem gut gerüsteten Nachbarn Israel zu halten versucht und ihre Präsenz im Libanon finanziert, ist ein weiteres Hindernis für die wirtschaftliche Entwicklung.

In den letzten Jahren zeichnete sich eine Liberalisierung ab, und die Regierung versucht jetzt, Privatkapital zu mobilisieren. Ein Beispiel dafür sind die „grauen Märkte“, die sich nach Ladenschluß, aber eben nicht früher, in den Suqs ausbreiten. Doch die reichen Kaufleute von Damaskus und Aleppo sowie die wohl zwei Millionen Aus-

Maronitische Kommunionskinder im armenischen Viertel Aleppos

Syriens Christen – zwölf Konfessionen für einen Gott

Syriens Christen leben vor allem in den Städten. Auch unter ihnen hat der Streit um die wahre Lehre Abspaltung um Abspaltung entstehen lassen, so daß es heute nicht weniger Konfessionen gibt, als die Urkirche Apostel hatte.

Zahlenmäßig stärkste (5 % der Bevölkerung) und sozial angesehenste Gruppe ist die der *griechisch-orthodoxen* Christen des Patriarchats von Antiochia, deren Oberhaupt heute seinen Sitz in Damaskus hat.

Die kleine *syrisch-orthodoxe* oder jakobitische Gemeinschaft trennte sich im Streit über das Verhältnis von göttlicher und menschlicher Natur Christi von den Griechisch-Orthodoxen. Sie mochte das vom Konzil von Chalkedon (451) beschlossene und logisch kaum nachvollziehbare Dogma vom „unvermischten und unverwandelten, ungesonderten und ungetrennten“ Nebeneinander der zwei gleichberechtigten Naturen Christi nicht akzeptieren und hielt an der Lehre von einer Natur in einer Person fest. Auch die *armenisch-gregorianische Kirche* verwarf die Beschlüsse von Chalkedon. Die syrischen Armenier kamen als Flüchtlinge während und gleich nach dem Ersten Weltkrieg ins Land und haben ungeachtet ihrer geringen Zahl (3 % der Bevölkerung) in einzelnen Berufssparten (Feinmechanik, Autoreparatur) beinahe ein Monopol inne. Nur wenige hundert Seelen zählen die *Nestorianer,* deren Kirche einst weite Teile Zentralasiens missionierte. Als ob dies nicht genug Konfessionen wären, gibt es von den vier vorgenannten Gemeinschaften jeweils noch katholisch-unierte, also den Papst als Oberhaupt anerkennende Abspaltungen. Dazu kommen schließlich noch die eigentlichen *Katholiken,* die ebenfalls mit Rom unierten *Maroniten* sowie die armenischen und die „gewöhnlichen“ *Protestanten.* Diese Vielfalt zeugt jedoch nicht nur vom Glaubensstreit, sondern auch von der gegenseitigen Toleranz, ohne die sich gerade die kleinen Gemeinschaften im muslimisch geprägten Umfeld nicht hätten behaupten können.

Streit ums Wasser

In der Vergangenheit wurde der in Anatolien entspringende und von den Niederschlägen im Taurus gespeiste Euphrat auf der türkischen Seite kaum genutzt. In Syrien deckt er jedoch 90 % des Wasserbedarfs, liefert mit seinen Kraftwerken 75 % der Stromenergie und bewässert 2410 km² Ackerland – und wenn Syrien seine ehrgeizigen Zukunftspläne verwirklicht, wird es dem Euphrat künftig die doppelte Wassermenge entnehmen müssen.

Mit dem „Südostanatolien-Projekt" (GAP), das über den Bau von 22 Staudämmen und 17 Wasserkraftwerken den Südosten der Türkei entwickeln und dort die Fläche des Bewässerungslandes um das Fünfzehnfache erhöhen soll, beansprucht die Türkei inzwischen jedoch die Hälfte des Euphratwassers für sich selbst. Sie hat mit den Stauseen darüber hinaus die Möglichkeit, im Falle eines ernsthaften politischen Konflikts den Syrern das Wasser wenigstens zeitweise ganz abzudrehen. Bei der Füllung des neuen Atatürk-Stausees bekam Syrien bereits einen Vorgeschmack auf eine eventuell trockene Zukunft: Von einem Tag auf den anderen halbierte sich die grenzüberschreitende Wassermenge. Eine 1987 getroffene Vereinbarung garantierte den Syrern immerhin einen Zufluß von wenigstens 500 m³ pro Sekunde, sofern sie im Gegenzug die Unterstützung der kurdischen Unabhängigkeitsbewegung PKK aufgäben, deren Hauptquartier in Damaskus vermutet wird. Doch Syrien hat die PKK bislang nicht vor die Tür gesetzt und statt dessen internationale Garantien für die Versorgung mit Wasser gefordert.

Die geographisch und derzeit auch politisch schlechteste Position im Streit um das Euphratwasser hat jedoch der Unterlaufanlieger Irak, dessen Anteil von einst 75 % auf nur noch 10–20 % des Wassers sinken wird. Als die Türkei während des Golfkriegs die Wassermenge „aus technischen Gründen" halbierte und Syrien seinen Teil weiter entnahm, brach die von den Euphratkraftwerken abhängige Stromversorgung des Irak zusammen – und fünf Millionen Menschen standen plötzlich ohne Trinkwasser da.

landssyrer investieren nicht in die Produktion, sondern allenfalls in den Handel, den Tourismus und die wachsende Bauwirtschaft. Von einer Privatisierung der Staatsbetriebe und einem Abbau der Bürokratie ist in Syrien bislang nicht die Rede. Eine Welle von Entlassungen wäre die Folge und das Land, statt wie bisher mit einem Engpaß an Facharbeitern, mit einem Heer von Arbeitslosen konfrontiert. Mit dem Abbau der Preiskontrollen sind die Staatsangestellten genug gestraft, die sich mit ihrem Gehalt (umgerechnet 80–250 DM im Monat) bei einer auf jährlich 20 % gestiegenen Inflation immer weniger leisten können. Viele behelfen sich deshalb nach Dienstschluß mit einem Zweitjob als Taxifahrer, Kellner oder Verkäufer.

Politik

Seit dem Militärputsch 1963 lenkt die „Arabische sozialistische Ba'th-Partei" die Geschicke des Landes. Ihr Leitmotiv „Einheit, Sozialismus und Freiheit" und die oft mit der Nationalflagge gehißte arabische Fahne verkörpern den Traum eines Zusammenschlusses aller arabischen Länder in einem sozialistischen, außenpolitisch v. a. von „imperialistischen Mächten" unabhängigen Staat. Aus Fraktionskämpfen innerhalb der Ba'th-Partei ging 1970 der militärische Flügel unter Hafiz al-Assad als Sieger hervor, der seit 1971 als Staatspräsident mit weitreichenden Vollmachten regiert. Als Porträt eines gefaßten, Zuversicht ausstrahlenden Steuermanns, der das Staatsschiff mit fester Hand auch durch gefährliche Wasser zu führen vermag, blickt einem Assad („der Löwe") in Amtsstuben und Geschäften, auf Straßen und Plätzen, von Autobussen und Ziertellern entgegen. Von ganz anderem Naturell scheint der zweite Mann, dessen Porträt die Syrer durch die Öffentlichkeit begleitet und der als junger Draufgänger mit Sonnenbrille, Dreitagebart, Fliegeruniform oder gelegentlich gar einem Reitpferd so gar nicht europäischen Vorstellungen eines Politikers entspricht. Die Bilder sind eine posthume Huldigung an den Präsidentensohn Basil, der im Volk außergewöhnliche Sympathien genoß und 1994 tödlich verunglückte.

Ausländischen Staatsmännern gilt Hafiz al-Assad als ein charmanter und pragmatischer, doch zugleich raffinierter Verhandlungspartner. Innenpolitisch hat er seinem Land eine Periode der Stabilität und dank relativ gleichmäßiger Einkommensverteilung auch des sozialen Friedens beschert, wobei Polizei und verschiedene Sicherheitsdienste jede politische Opposition im Keim ersticken. Auch die religiöse Toleranz endet dort, wo die Rückbesinnung auf islamische Werte in politische Forderungen zu münden droht.

Steuerungsschleuse an einem Bewässerungskanal im Euphrattal

Steckbrief

Amtlicher Landesname: Al-Djumhuriyah al-'Arabiyah as-Suriyah (Arabische Republik Syrien). *Fläche:* 185 180 km².

Höchster Punkt: Berg Hermon (arab. Djebel ash-Sheikh), 2814 m.

Landnutzung: 43 % Steppe (Weide), 33 % Fruchtland, 16 % Wüste und Odland, 4 % Wald, 3 % überbaut.

Einwohner (Stand 1996): 14,5 Mio., davon 5 % Kurden, 3 % Armenier, 2 % Palästinenser.

Hauptstadt: Damaskus (1,7 Mio. Einw.).

Wichtige Provinzstädte: Aleppo (1,7 Mio. Einw.), Homs (500 000 Einw.), Latakia (320 000 Einw.), Hama (300 000 Einw.).

Religion: 87 % Muslime (davon 75 % Sunniten, 10 % Alawiten, 1 % Ismailiten); ca. 10 % Christen; 3 % Drusen, wenige hundert Juden und Yezidi (synkretistische Religionsgemeinschaft).

Bruttoinlandsprodukt: 1994 16 783 Mio. US- $, entspricht einer Kaufkraft von 5397 US- $ pro Einw. (Deutschland: 19 675 US- $ pro Einw.); Anteil Landwirtschaft 31 %, Industrie 14 %, Dienstleistungen 55 %.

Geschichte im Überblick

Um 10 000 v. Chr. In Mureybit, heute auf dem Grund des Assadsees, lassen sich die ersten Ackerbauern des „fruchtbaren Halbmonds" nieder.

Um 8000 v. Chr. Etwa zeitgleich zu Jericho entsteht in Ugarit eine erste, mauerbefestigte Stadt.

7000–5000 v. Chr. Die Menschen ergänzen den Ackerbau durch Viehzucht, lernen weben und töpfern.

3000–2800 v. Chr. Mit ihren Handelskolonien Habuba Kabira und Tell Brak gründen die Sumerer die ersten Stadtstaaten Syriens, denen bald das unabhängige Mari folgt. Die sumerische Keilschrift kommt in Gebrauch.

2400–2250 v. Chr. Das semitische Ebla etabliert sich als Konkurrent der mesopotamischen Mari-Kultur. Beide werden von den Akkadern besiegt.

2000–1600 v. Chr. Unter den Amoritern leben Mari und Ebla noch einmal auf. Aleppo (Jamchad) wird Hauptstadt eines Kleinreiches, das sich auch gegen den Babylonier Hammurabi behauptet.

1600–1200 v. Chr. Hurriter und Hethiter überrennen von Anatolien mit ihren Streitwagen und Eisenwaffen Syrien, ringen untereinander und mit den Ägyptern um die Vorherrschaft.

1285 v. Chr. Die Hethiter schlagen Ramses II. in der Schlacht von Kadesh.

1200–900 v. Chr. Nach der Zerstörung Ugarits durch die Seevölker steigen die phönizischen Städte zur führenden Handelsnation im östlichen Mittelmeer auf. Im Binnenland gewinnen die semitischen Aramäer die Oberhand, die das Kamel als Reittier in Syrien einführen.

800–539 v. Chr. Die Assyrer und Chaldäer (Neubabylonier) beherrschen das Gebiet des heutigen Syrien.

539–333 v. Chr. Perserzeit. Darius I. erklärt Aramäisch, das später auch Jesus sprechen wird, zur Amtssprache des Perserreichs.

333–64 v. Chr. Mit dem Sieg Alexanders des Großen bei Issos (Hatay) gerät Syrien unter den Einfluß der hellenistischen Kultur. Im Süden Syriens richten sich die Nabatäer ein, während im Osten die Parther ihre Grenze bis an den Euphrat schieben.

64 v. Chr.–395 n. Chr. Syrien ist römische Provinz.

269–272 Königin Zenobia von Palmyra stellt sich vergeblich den Römern entgegen.

395–636 Byzantinisch-christliche Ära. Bei Kämpfen zwischen Byzantinern und Persern wird das Land verwüstet. 636 erobern die Muslime Syrien.

661–750 Unter den Omayyaden wird Damaskus Hauptstadt des islamischen Weltreichs.

750–900 Die Abbasiden verlegen den Hof nach Bagdad. Syrien versinkt in der Provinzialität, und nur Raqqa erfreut sich als Sommerresidenz Harun ar-Rashids noch der Gunst der Sultane.

900–1070 Unter der nur noch nominellen Oberhoheit der Abbasiden herrschen schiitische Dynastien über Syrien: im Norden die Hamdaniden, im Süden die ägyptischen Ikhshididen und Fatimiden.

1098/99 Die Kreuzritter erobern die Küste von Antiochia bis hinunter nach Jaffa und Jerusalem. Zentralsyrien bleibt in den Händen der Seldschuken.

1144–1176 Die Zengiden organisieren den Widerstand gegen die Franken und machen den sunnitischen Islam wieder zur Staatsreligion.

1176–1250 Ayyubiden. Sultan Saladin vereint die islamischen Reiche zwischen Kairo und Bagdad. Syrien erlebt seine wirtschaftlich beste Zeit seit den Omayyaden.

1250–1516 Herrschaft der Mamluken (im Deutschen meist „Mamelucken").

1301 Die Kreuzritter verlieren mit Awad ihren letzten Stützpunkt im Heiligen Land.

1516–1918 Osmanische Zeit. Die fortschreitende „Beduinisierung", bei der die Bauern unter der drückenden Steuerlast ihr Land aufgeben, kehrt sich erst im 19. Jh. wieder um.

1860 Christenmassaker im Libanon und in Damaskus.

1915 Die im Osmanischen Reich ansässigen Armenier werden in die syrische Wüste deportiert.

1916–18 Mit dem Versprechen der Unabhängigkeit gewinnen die Alliierten im 1. Weltkrieg die Araber für ihren Kampf gegen die Osmanen.

1916 Sykes-Picot-Abkommen. In aller Heimlichkeit teilen Briten und Franzosen das Osmanische Reich untereinander auf.

1917 Balfour-Deklaration, die britische Absichtserklärung, in Palästina ein Zuhause für das jüdische Volk zu errichten.

1920–1939 Nachdem die Damaszener Nationalversammlung Feisal, den Sohn des Sherifen von Mekka, zum König ausgerufen hat, besetzen französische Truppen Syrien. Palästina, Transjordanien und der Irak kommen unter britische Verwaltung. Der Versuch der Franzosen, ihr Mandatsgebiet in sechs Kleinstaaten aufzuspalten, scheitert. Unabhängig wird jedoch der Libanon, während der Sandschak (der Regierungsbezirk) von

Darius I. (zeitgenössisches Kalksteinrelief)

Alexander der Große (Ausschnitt aus einem Gemälde von Charles Le Brun)

Gefangennahme der Zenobia (Radierung von G. Mochetti)

Geschichte im Überblick

Alexandrette der Türkei angegliedert wird.

1946 Die letzten französischen Militärs verlassen das Land.

1949–57 Die junge Republik wird von fünf Staatsstreichen der Armee erschüttert. Außenpolitische Spannungen mit Israel und Jordanien.

1958–61 Syrien schließt sich mit Ägypten zur Vereinigten Arabischen Republik zusammen.

1963 Putsch der bis heute regierenden Ba'th-Partei.

1967 Im Sechstagekrieg besetzt Israel den Golan. Zahlreiche Palästinenser fliehen nach Syrien.

1970/71 Der militärische Flügel der Ba'thisten bringt den gegenwärtigen Staatspräsidenten Hafiz al-Assad an die Macht. Mit der „Korrekturbewegung" werden Partei und Armee von möglichen Gegnern gesäubert.

1973 Eine neue Verfassung legitimiert die weitreichenden Vollmachten des Präsidenten. Yom-Kippur-Krieg mit Israel.

1976 Syrien greift in den libanesischen Bürgerkrieg ein.

1982 In Hama wird der Aufstand der Islamisten niedergeschlagen.

1991 Nach dem Zerfall des langjährigen Bündnispartners Sowjetunion schlägt sich Syrien im 2. Golfkrieg auf amerikanische Seite.

1996 Die israel.-syrischen Geheimverhandlungen über ein Friedensabkommen werden abgebrochen.

1998 Syrien fordert als Vorbedingung neuer Gespräche den Abzug Israels von den besetzten Golan-Höhen.

T. E. Lawrence – ein gefährlicher Tagträumer

„Wer nachts in einem verschwommenen Winkel seines Hirns träumt, dem wird sich der Traum am nächsten Morgen beim Aufwachen in Nichts auflösen. Die Tagträumer jedoch sind gefährliche Menschen: Sie setzen ihre Träume mit offenen Augen in die Tat um und lassen sie wirklich werden. Das tat ich!" berichtet Thomas Edward Lawrence (1888–1935) in den *Sieben Säulen der Weisheit.* Sein größter Traum war, als Ritter einen Kreuzzug anzuführen. Und da die herkömmlichen Kreuzzüge sich schon eine gute Weile vor seiner Zeit zugetragen hatten, inszenierte „Lawrence von Arabien" seinen eigenen Zug. Nach monatelangen Wüstenmärschen zog er an der Spitze einer allerdings arabischen, nicht christlichen Reitertruppe am 1. Oktober 1918 in das von den Türken befreite Damaskus ein.

Gerade als Arabophiler war Lawrence für sein Vaterland ein nützliches Werkzeug. An seinem ersten Einsatzort grub der frischgebackene Archäologe nicht nur nach Scherben, sondern dokumentierte für den britischen Geheimdienst auch den Bau der Bagdadbahn, die hier den Euphrat überquerte. Im Weltkrieg gewann er den späteren König Feisal für die englische Seite und sprengte mit dessen Beduinenguerilla hinter den türkischen Linien wenigstens 80 Brücken und 17 Lokomotiven – die kaum eröffnete Hedschasbahn wurde für immer zerstört.

Berater bei der Versailler Friedenskonferenz, Leiter des Arabienreferats im Kolonialministerium – Lawrence machte Karriere und wollte dabei lange nicht wahrhaben, daß seine Tagträume von einem unabhängigen Arabien nicht die der britischen Regierung waren. 1922 schied er frustriert aus dem politischen Dienst und meldete sich als einfacher Mechaniker zur Luftwaffe. Er starb 1935 bei einem Autounfall.

Kultur gestern und heute

Architektur

Über Jahrtausende stand die syrische Baukunst im Spannungsfeld zwischen Mesopotamien und der Mittelmeerwelt – wobei der Westen mit seinen steinernen Bauten natürlich dauerhaftere Spuren hinterlassen hat als die mesopotamische Lehmziegelarchitektur, deren Material, ganz ökologisch, ohne fortwährende Pflege schließlich zu Staub zerfällt.

Eine eigenständige lokale Architektur entwickelte sich vor allem bei Grabbauten (Grabtürme von Amrit und Palmyra) und Sakralbauten. Hier verschmolzen persisch-phönizische Vorbilder (Wassertempel von Amrit) mit der Tradition des griechisch-römischen Tempelbaus zu einem eigentümlichen Mischstil, der vor allem die Kultstätten einheimischer Gottheiten (Baal-Tempel von Palmyra) auszeichnet. Aus der Not, kein Holz für den Dachstuhl der klassischen Langhausbasilika zu besitzen, entwickeln Anfang des 6. Jhs. die Christen des Hauran überkuppelte Zentralkirchen (Ezra') – eine Bauform, die sich binnen einer Generation bis nach Konstantinopel verbreitete und dort die großen Kuppelbasiliken (Hagia Sophia) beeinflußte. In der Volksarchitektur lebt der Rundbau, wohl die Urform des Hauses, noch in den nordsyrischen Bienenkorbhäusern (um Aleppo) fort.

Die Damaszener Omayyadenmoschee ist das unbestrittene Meisterwerk syrischer Architektur. Wie der neue Glaube die alten Buchreligionen in sich aufnimmt und zu vollenden beansprucht, verbinden sich in der Moschee vorislamische Elemente (Basilika, überkuppeltes Transept, Türme, Mosaiken) zu einem Ganzen von neuer Qualität. Neben

T. E. Lawrence „von Arabien" – arabophiler Träumer im Dienste des britischen Empire

Hafiz al-Assad – in Syrien ist sein Porträt allgegenwärtig

Beduinen bei Grabungsarbeiten in ar-Rusafa

ihr zeugt die Fassade des Wüstenschlosses Qasr al-Hair al-Gharbi mit ihrem eklektizistischen Repertoire aus Friesen, Nischen, Dreiecken, Rosetten, Rauten und falschen Bögen von der Meisterschaft der Omayyaden, aus überlieferten Einzelformen neue, eigene Ensembles zu komponieren. Nach den Zerstörungen unter den Abbasiden und der Provinzialität der Fatimidenzeit steht das Minarett der Aleppiner Omayyadenmoschee (um 1090) für die Wiederbelebung islamisch-syrischer Architektur – fortan wird der vorher keineswegs selbstverständliche Turm zum Symbol der sunnitischen Renaissance und wesentlicher Bauteil der Moschee. Nur die Gebetsrufer der ärmeren Euphratdörfer müssen bis heute auf Minarette verzichten. Die sunnitische „Gegenreformation" brachte die Medrese nach Syrien, eine Schule mit Moschee und oft auch dem Mausoleum des Stifters. Der zentrale Baukörper, ein Hof mit vier Iwanen (Nischen mit je einer Halbkuppel), findet sein Vorbild ironischerweise in Persien, dem Kernland der in Medresen ideologisch bekämpften Schiiten.

Die Osmanen hinterlassen der Nachwelt neben Kuppelmoscheen und Bleistiftminaretten vor allem Khane, seien es Umschlagplätze der Fernkaufleute in den Städten (Damaskus, Aleppo) oder Nachtquartiere entlang der Handelswege (Qal'at al-Mudiq). Im Unterschied zu älteren Karawansereien wird der Innenhof, wo die Waren lagern, jetzt durch Kuppeln vor Regen und Sonne geschützt – viele Dächer sind längst wieder eingestürzt. In Damaskus, Aleppo und Hama findet man hier und da noch die um einen Innenhof gruppierten Häuser der damaligen Handelsherren. Daß die zur Gasse abweisenden Mauern wenigstens im Obergeschoß eine Fensteröffnung bekamen, galt im 19. Jh. als frivole Neuerung.

Die Architektur der Moderne produziert auch in Syrien vornehmlich jene Belanglosigkeiten aus Beton, denen man nur baldigen Zerfall wünschen kann. Verglichen mit Nachbarländern wie der Türkei oder gar dem Libanon zeigt sich Syrien jedoch als ein Staat, in dem Städtebau noch geplant und die Einhaltung planerischer Vorgaben wie Geschoßzahl, Bauflucht und sogar Fassadengestaltung offenbar erzwungen werden. In Aleppo etwa werden alle Häuser noch immer mit dem für das Stadtbild typischen Kalkstein verkleidet; in Damaskus ist die Götterdämmerung der Glaspaläste und Wolkenkratzer noch nicht aufgezogen.

Mosaiken/Malerei

Gerade 80 Jahre nach dem Tod des Propheten, dem zum Gebet mit seinen Anhängern noch eine schlichte Einfriedung am Stadtrand Medinas genügte, ließ Kalif al-Walid zugleich mit der prächtigen Omayyadenmoschee das an Fläche größte Mosaikdekor aller Zeiten schaffen. Die von Zierfriesen gerahmten Szenen, von denen etliche nicht mehr im Original erhalten sind, zeigen idyllische Flußlandschaften mit Bäumen und Gebäudegruppen, vom schlichten kubischen Dorfensemble samt Kirche in Schrägsicht bis zu prächtigen, frontal abgebildeten Palästen, deren Türen mit einem Perlgehänge verziert sind.

„Kaum ein Baum oder eine bedeutende Stadt, die nicht auf diesen Wänden dargestellt worden sind", weiß der arabische Geograph Maqdisi zu berichten. Symbolisch ist die gesamte Welt ins Haus des Islam eingetreten – eine Welt indes, die auf die Aspekte Natur und Architektur reduziert ist. Tiere und Menschen sucht man in den Mosaiken vergebens.

Der Koran selbst erwähnt kein Bilderverbot. Es wurde erst im 9. Jh. mit der Hadith, der Sammlung überlieferter Taten und Aussprüche des Propheten, kodifiziert. Die zu Mohammeds Lebzeiten, allerdings noch vor seiner Berufung, von einem äthiopischen Baumeister erneuerte Kaaba war mit Bildern der alten Propheten (u. a. Abraham, Maria mit dem Jesuskind) geschmückt, die erst 683 bei einem Brand zerstört wurden. Wie man im Damaszener Nationalmuseum sehen kann, hatten die Omayyaden, die Menschenbilder aus ihren Sakralsphären verbannten, gleichzeitig keine Bedenken, ihre weltlichen Räume mit Jägern, Musikanten oder, im jordanischen Qasr'Amra, gar mit nackten Frauen zu schmücken – zumal wenn diese Räume als Harem Fremden nicht zugänglich waren.

In weltlichen Räumen sind auch Abbildungen von Menschen erlaubt

Kunsthandwerk

Zugegeben: auch in Syrien verdrängt industrielle Massenware nach und nach die traditionelle Handwerkskunst. Doch die Auswahl ist in Damaskus noch immer größer als etwa in Kairo oder Istanbul.

Einige Werkstätten in der Via recta fertigen Tauschierarbeiten, bei denen geometrische Muster mit Sticheln in Bronze- oder Messingteller ziseliert werden, die der Künstler anschließend mit andersfarbigen Metallen wie Kupfer, Silber oder gar Gold auslegt. Aus Damaskus stammen auch die Prachtexemplare jener aus Metall und buntem Glas

Feste und Veranstaltungen

Palmyra-Festival. Zum Wüstenfest mit Pferde- und Kamelrennen sowie Folkloreshows im antiken Theater strömen alljährlich im April Beduinen und Touristen in die Oase.

Latakia-Festival. Die großen Namen des arabischen Schlagers und Chansons, z.B. Fayrouz, Nadjwa Karamé, Mayada el-Henawi oder Asli al-Halani, lassen die Herzen schmelzen.

Kirchenfeste in Ma'lula. Die Namenstage der Heiligen (Thekla am 24. September, Sergius am 7. Oktober) werden mit Prozessionen und reichlichem Alkoholgenuß gefeiert. Höhepunkt ist das Kreuzfest (13./14. September), wenn Freudenfeuer auf den Hügeln und ein großes Feuerwerk die Nacht zum Tag machen.

Suweida'-Festival. Mitte September begießen die Drusen den Abschluß der Weinernte. Auch eine leibhaftige Weinkönigin wird gekürt.

Bosra-Festival. Das größte und bekannteste Kulturereignis Syriens auf der Bühne des antiken Theaters. Alle zwei Jahre (gerade Jahreszahlen) zeigen Ende September für zwei Wochen Schauspiel- und Musikensembles aus aller Welt ihr Können. Kartenvorverkauf (auch mit Busfahrt) im Damaszener Chams-Hotel.

gefertigten Ampeln, die Moscheen, Paläste und – in schlichterer Ausführung – während des Ramadan die Straßen des Orients beleuchten.

Am angesehensten ist die Zunft der Juweliere. Einst war Syrien für seine Silberarbeiten berühmt, doch heute bevorzugen die Frauen Goldschmuck als Zierat und auch als Wertanlage, weshalb syrisches Gold oft mit 21 statt 18 Karat einen höheren Feingehalt aufweist als europäische Ware. Nur wenige Meister arbeiten noch mit Silber, dafür sind viele exzellente alte Stücke auf dem Markt zu finden.

Das Ziselieren und Tauschieren (Einlegen von Intarsien in Form andersfarbiger Drähte) von Kupfertellern war eine Domäne der Damaszener Juden – mit ihrer Auswanderung starb 1993 auch das Handwerk. Schon länger vergessen ist die Kunst des Klingenschmiedens. Damaszener Dolche und Schwerter, die in den Auslagen glänzen, sind heute aus verchromten Stahl und ihre Scheiden mit einem Goldlack überzogen.

Stühle, Tische, Koranständer, Musikinstrumente, Truhen und Schatullen, ja sogar Telefone – kaum ein Gegenstand aus Holz, der nicht mit Intarsien verziert würde. Die traditionell aus winzigen Stückchen Edelholz, Perlmutt und farbigem Stein eingelegten geometrischen Muster und stilisierten Pflanzen werden neuerdings auch aus Plastik und gepreßtem Knochenmehl gearbeitet, doch das ungeübte Auge wird diese Feinheiten kaum bemerken. Handwerk ist's allemal.

Ein ländliches, von Plastikware verdrängtes Handwerk wird noch in einem einzigen Werkstattladen der Takiye Sulaimaniye gepflegt: Eine alte Frau flicht Körbe und Teller aus Bast. Der Glasbläser um die Ecke, der zerbrechliche Mitbringsel auch nach Entwürfen der Kunden fertigt, ist immerhin nur Vorletzter seiner Zunft. Zu spät kommt, wer handgewebte Brokatstoffe sucht. Die eingestaubten letzten Webstühle sind nur museale Touristenattraktion.

Literatur

Aus der noch jungen syrischen Literatur, von der man, in Abgrenzung zu den Werken libanesischer und palästinensischer oder ganz allgemein arabischer Autoren, erst seit der Unabhängigkeit sprechen kann, hat sich bei uns vor allem der Erzähler *Rafik Schami* einen Namen gemacht, der seit den siebziger Jahren in Deutschland lebt und von dem zahlreiche Übersetzungen vorliegen. Mit ausdrucksstarker, bildhafter Sprache hält er die volkstümliche Welt seiner Jugend fest. Auch der im heute türkischen Hatay geborene Romancier *Hanna Mina* (auf deutsch erschien „Bilderreste“, Lenos-Verlag) thematisiert den Alltag der „kleinen Leute”.

Anders als Beirut oder Kairo ist Damaskus offenbar kein fruchtbarer Boden für Autoren. Zu eng scheinen die Grenzen, die die politischen Verhältnisse dem künstlerischen Schaffen setzen. Blättert man durch eine Anthologie syrischer Literatur, fällt auf, daß eine ganze Reihe namhafter Schriftsteller und Schriftstellerinnen heute im Exil leben: Neben Rafik Schami auch *Zakariya Tamer* in London und der Lyriker *Nizar Kabbani* in Genf. Aus den zahlreichen Büchern (auf deutsch erschienen, aber derzeit leider vergriffen: „Alptraum in Beirut“) von *Ghada Samman,* durch Heirat Libanesin und durch freie Entscheidung Pariserin, spricht das gewachsene Selbstbewußtsein arabischer Frauen, die unter Mißachtung überlieferter Konventionen ihren eigenen Weg suchen, wobei die feministische Perspektive durch beißende Kritik der „feinen Gesellschaft“ ergänzt wird, der die Autorin als Tochter eines syrischen Kultusministers entstammt.

Andere, die im Lande blieben, sind in die innere Emigration gegangen und literarisch verstummt. Beispielhaft sei der einst gefeierte Theaterautor *Sadallah Wannus* genannt, der das epische Theater Brechtscher Schule auf die arabischen Bühnen brachte. Von der innenpolitischen Entwicklung und besonders der neuen Staatsklasse enttäuscht, beschränkte er sich später auf seine Arbeit als Regisseur und Herausgeber einer Theaterzeitschrift. Gerade 50jährig zog er sich völlig aus dem öffentlichen Leben zurück. Den Spagat zwischen Kritik und Zensur meistert dagegen bislang noch *Abdalrachman Munif,* der in der arabischen Welt wohl meistgelesene syrische Autor. In deutscher Übersetzung erschien sein „Östlich des Mittelmeers“, eine beklemmende Schilderung der permanenten Gewalt, der die Menschen „östlich des Mittelmeers“ ausgesetzt sind.

Traditionelle Musikinstrumente haben sich noch erhalten ...

Musik

„Der Schlager ist wie eine Konservendose: Wenn du sie aufmachst, mußt du sofort essen, denn wenn sie längere Zeit steht, verdirbt sie“ beklagt Adil az-Zaki Ibn Hamdis, der Gralshüter arabischer Musik, den Verlust an großen Musikern und Komponisten. Westliche Ohren empfinden die traditionell homophone (einstimmige) Musik des Orients oft als langweilig. Sie erwarten Veränderung und Abwechslung, während die arabische Musik, zumal die Klassik, wenige Töne schier endlos wiederholt. Die subtilen Variationen erschließen sich dem westlichen Hörer erst, wenn er geraume Zeit einem orientalischen „Musikteppich“ ausgesetzt ist. Wer sich dann für arabische Musik zu begeistern vermag, dem empfehlen sich als Mitbringsel Aufnahmen von *Sayid Darwish,* dem letzten Sänger in der klassischen Tradition; *Umm Kulthum,* die es als erste vermochte, einen orientalischen Musikvortrag auf die von einer Schellackplatte vorgegebene Kürze zu straffen; *Mohammed Abdel Wahab,* der als Komponist und Sänger dem modernen arabischen Schlager den Weg bereitete; *Farid al-Atrach,* der Elemente westlicher Unterhaltungsmusik im Orient einführte; *Fayrouz,* der größten lebenden Stimme der arabischen Welt; und schließlich den Lautenspieler *Farhan Sabagh.*

... ebenso wie die Tänze der Derwische

Tausendundeine Vorspeise

Wer sich nur von gegrillten Hähnchen *(farudj)*, Pommes frites *(batata maqliya)* und Salat *(salata)* ernährt, dem entgeht die erstaunliche Vielfalt der syrischen Küche und damit ein wesentlicher Teil des Urlaubsvergnügens, zumal da ein üppiges Essen mit Freunden die liebste und wichtigste Freizeitbeschäftigung der Syrer ist. Nicht nur am häuslichen Herd, auch in den Küchen der Restaurants werden die Gerichte mit großem Arbeitsaufwand zubereitet und ansprechend präsentiert, so daß auch das Auge bei Tisch nicht zu kurz kommt. Selbst scheinbar wohlbekannte Speisen wie eine Linsensuppe oder ein Tomatensalat bieten, orientalisch gewürzt, bislang unbekannte Genüsse. Naturgemäß variiert die Qualität von Lokal zu Lokal, sie hängt aber kaum mit dem Preis zusammen – in einem teuren Restaurant bezahlt man für aufwendiges Ambiente und die Gesellschaft reicher Leute, ohne daß das Essen unbedingt besser schmeckt.

Das Menü beginnt mit den Vorspeisen *(meze)*: Ein kulinarischer Paukenschlag und vielleicht zu früher Höhepunkt des Essens, der dem Gast Aus- dauer, gesunden Appetit und schließlich, so schwer sie auch fällt, Zurückhaltung abverlangt – wenn er noch einen Hauptgang in den Magen zwingen will. In kleinen Schälchen werden Dips, Salate, kaltes und warmes Gemüse und raffiniert gefüllte Teigtaschen gereicht, aus denen sich etwa ein Vegetarier leicht ein eigenes (und abwechslungsreiches!) Menü kombinieren kann.

Als Hauptgericht wird gewöhnlich gegrilltes Fleisch vom Huhn oder Hammel gereicht, ersatzweise ein Reiseintopf oder an der Küste und an den Binnenseen Fisch. Obligatorische Beilage zu Vor- wie Hauptgang sind Brot und Joghurt, letzteres als Würze von Fleisch und Gemüse.

Beim Dessert hat der Gast die Qual der Wahl zwischen zuckertriefendem Gebäck (klassisch: *baklawa)*, Puddingspeisen und Obst. Ein starker, mit Kardamom aromatisierter Mokka *(qahwe'arabi)* rundet das Essen ab und bringt den Kreislauf wieder auf Touren. Die Beduinen verabreichen zur Begrüßung oder zum Abschied die noch stärkere Variante des *Qahwe murr*, einen bitteren, nur in kleinen Schlucken genossenen Trank, an den sich europäische Gaumen erst gewöhnen müssen. Wer genug hat und etwa bei einer Einladung dem Nachschenken ein Ende setzen will, hebt die Tasse auf der Handfläche empor und schwenkt sie mit dem Handgelenk.

Die frischgepreßten Obstsäfte, wie sie an Straßenständen angeboten werden, sucht man im Restaurant oft vergeblich. Selbst der Wunsch nach einem schlichten Zitronensaft, dessen Zutaten

Spezialitäten

Hummus, ein Püree aus Kichererbsen mit Sesamöl, Zitronensaft und Knoblauch, ist die kalorienschwere Beilage der kleinen Leute.

Mutabbal, wie Hummus, doch mit Auberginen oder Zucchini.

Babaghannush, wie Mutabbal, doch mit vorher angerösteten Auberginen.

Fattush, gemischter Salat mit gerösteten Brotbrocken.

Khas, die syrische Entsprechung des Kopfsalats aus grünen, lanzettförmigen Blättern, die auch ohne Essig und Öl knackig schmecken.

Tabuleh, Salat mit (Weizenschrot) und (großblättriger) Petersilie.

Burak, käsegefüllte Blätterteigtaschen.

ja in jeder syrischen Küche vorhanden sind, bringt manchen Kellner aus der Fassung. Die Auswahl an nichtalkoholischen Getränken zum Essen beschränkt sich gewöhnlich auf Wasser, Softdrinks und Fruchtsäfte aus der Tüte. Beim Bier konkurriert, sofern das Restaurant überhaupt Alkohol ausschenkt, *Sharq* (Aleppo) mit *Barada* (Damaskus). In den einheimischen Wein setzen auch die syrischen Christen kein großes Vertrauen, sondern halten sich an libanesische Provenienzen. Hier brauchen die Kellereien *Kefraya* und *Ksara* keinen Vergleich mit europäischen Weinen zu scheuen.

Die Einheimischen greifen lieber zum Anisschnaps Arrak, dem hochprozentigen Nationalgetränk Syriens.

Schließlich muß die Zeche bezahlt werden. Das Trinkgeld von etwa 10 % steht dabei dem Servierkellner oder Abräumer zu, nicht dem Maître, der die Bestellung aufnimmt und kassiert. Auch Musikanten freuen sich über eine kleine Anerkennung ihrer Tafelmusik.

Beim Brotbacken ...

... und im Basar

Wara'inab, mit Reis und Pinienkernen gefüllte Weinblätter.

Kusa mahshi, gefüllte Zucchini.

Ful, Saubohnen in Öl (zum Frühstück!).

Felafel, vegetarische Frikadellen aus Kichererbsen.

Fasulye, grüne Bohnen.

Kibbe naiyye, Tatar aus rohem Hammelfleisch und Weizenschrot, scharf gewürzt.

Kibbe maqliye, fritierte Frikadellen aus Hammelhackfleisch, Weizenschrot, Zwiebeln oder Pinienkernen.

Maqlub, Reiseintopf mit Fleisch und Gemüse, im Ofen geschmort.

Malfuf, Kohlroulade gefüllt mit Schaffleisch und Reis.

Mansaf, ein Beduinenfestessen, bei dem mit Mandeln und Pinienkernen zubereiteter Reis mit Hammelfleischstücken und -brühe serviert wird. Obenauf kommt ein Stück Fett (vom Schwanz). Gegessen wird selbstverständlich mit den Fingern.

Shawarma, Döner Kebab bzw. Gyros.

Shish tawuq, Grillspieß mit Hühnerfleisch.

Shish kabab, Grillspieß.

Beid ghanam, Hammelhoden.

Khubz, Fladenbrot.

Muhallabiye, Milchpudding mit Rosenwasser, Pistazien und Nüssen.

Fissali, süße Nudeln.

Usmaliye, Grießkuchen.

Urlaub aktiv

Eine Warnung vorweg: Wer jenseits von Besichtigungen organisierte Urlaubsaktivitäten und ein breites Freizeitangebot erwartet, der suche sich ein anderes Reiseland. Syrien ist bislang noch ein klassisches Ziel für Bildungs- und „Erlebnisreisende", denen allerdings, zumal wenn sie auf eigene Faust unterwegs sind, allein zur Bewältigung des touristischen Alltags ein erhebliches Maß an Aktivitäten abverlangt wird.

Die Suche nach abseitigen Ruinen verheißt angesichts mangelnder Beschilderung eine Schnitzeljagd, die ab der dritten Urlaubswoche erforderliche Anmeldung bei der Fremdenpolizei wird in der kafkaesken Bürokratie zu einem Verwirrspiel, und das Überqueren einer großstädtischen Hauptstraße gleicht einem Hindernislauf unter Einsatz des Lebens.

Wandern und Radeln

Mehr noch als motorisierte Reisende können sich Fußgänger und Radfahrer der Aufmerksamkeit von Einheimischen sicher sein. Manche Etappe endet vorzeitig beim Tee oder sogar bei einem Essen in der Gesellschaft gastfreundlicher Bauern. Für Tagestouren zu Fuß seien speziell die Wälder von Slenfe oder das Kloster Mar Musa empfohlen.

Radler, die ihr eigenes Gefährt mitbringen und unterwegs auch unter freiem Himmel zu übernachten bereit sind, finden im Ansariye-Gebirge (Route 5) und um den Djebel al-Arab (Route 1) ein abwechslungsreiches und anspruchsvolles Terrain. Für Tagestouren eignet sich die Umgebung Aleppos. Die Nebenstraßen sind durchweg asphaltiert, und der störende Autoverkehr hält sich noch in Grenzen.

Wassersport

Syrer, die maritimen Freizeitspaß wie Wasserski, Surfen, Segeln oder den Geschwindigkeitsrausch im Motorboot suchen, reisen dazu in den Libanon. An der immerhin 175 km langen syrischen Küste fehlt die entsprechende Infrastruktur.

Als Wassersport im weiteren Sinne bietet sich jedoch ein Besuch im Badehaus *(hamam)* an. Die orientalische Badekultur, die in Ägypten oder der Türkei zu einem Vergnügen der armen Leute verkommen ist, die keine Badewanne oder Dusche im Haus haben, steht in Syrien noch in voller Blüte. Mittelalterliche Badehäuser sind hier keineswegs dem Verfall oder der Abrißbirne preisgegeben, sondern werden gepflegt und zunehmend zu Schmuckstücken herausgeputzt, wie jüngst beispielsweise der Hamam al-Yalbugha in Aleppo.

Kahnpartie auf dem Euphrat

Auch in Syrien wagen sich kleine, private Reisebüros neuerdings mit originellen Angeboten auf den Markt. So bietet Djasar Kiwan Enterprise am Sahet Merdje, Damaskus (☏ 222 18 88, FAX 224 52 41), mehrtägige Euphrattouren im einfachen Fischerboot. Wegen der umständlichen und zeitraubenden Genehmigungsprozeduren nehmen bisher vor allem in Damaskus lebende Ausländer die Chance wahr, den majestätischen Strom und seine Vogelwelt hautnah zu erleben.

Die Fahrt geht von Deir ez-Zor flußabwärts bis an die irakische Grenze, unterwegs werden Dura Europos und Mari besucht. Übernachtet wird in Zelten am Ufer, die Verpflegung bereitet sich die Gruppe selbst zu. Mindestens fünf Teilnehmer sind erforderlich.

Reisewege und Verkehrsmittel

Anreise

Mit dem Flugzeug

Lufthansa, Syrian Arab Airlines, Austrian Airlines und Swissair bieten Direktflüge mit Linienmaschinen von Berlin, Frankfurt, München und Zürich nach Damaskus an, die syrische Fluglinie auch einige Flüge mit Zwischenstopp in Aleppo. Ein reguläres Ticket Frankfurt – Damaskus und zurück kostet etwa 1300 DM.

Einschlägige Reisebüros bieten allerdings auch Billigflüge mit Linien der ehemaligen Ostblockstaaten oder etwa der Air France für 800 bis 1000 DM an. Sondertarife der Syrian Arab Airlines müssen vom Reisebüro direkt bei der Gesellschaft erfragt werden.

🛈 Syrian Arab Airlines, Düsseldorfer Str. 4, 60329 Frankfurt/M., ☏ (0 69) 2 38 54 40, FAX 23 67 94.

Mit dem Bus

Expreßbusse fahren regelmäßig von Zürich, Wien und München, im Sommer von weiteren deutschen Großstädten, nach Istanbul. Dort besteht vom internat. Busbahnhof Ferhatpaşa täglich Anschluß nach Aleppo und Damaskus. Die Busfahrt ist der billigste (und anstrengendste) Weg, nach Syrien zu gelangen: Vier Tage im Bus, davon die letzten 30 Stunden nur von kurzen Toiletten- und Verpflegungsstopps unterbrochen, sollten sich nur hartgesottene Weltenbummler zumuten.

🛈 Europabus/Deutsche Touring GmbH, Am Römerhof 17, 60484 Frankfurt/M., ☏ (0 69) 7 90 32 49.

Bosfor Turizm, Argentinierstr. 67, A-1040 Wien, ☏ (01) 5 05 06 44.

Der prächtige Ruheraum des Nureddin-Bades in Damaskus

Badevergnügen im Assad-Stausee

Ein Servicetaxi

Mit der Bahn

Passionierte Bahnfahrer haben täglich die Möglichkeit, mit dem Balkanexpreß über Budapest nach Istanbul und von dort (Bahnhof Haydarpaşa auf dem asiatischen Ufer) mit einem Kurswagen des „Toros Ekspresi“ (nur Do) nach Aleppo zu fahren. Die Tour auf den Gleisen der alten Bagdadbahn verspricht Romantik und Nostalgie und ist, zumindest ab Istanbul, unverschämt billig (im Liegewagen umgerechnet ca. 40 DM). Nur Geduld muß der Reisende mitbringen – wann der Zug ankommt, weiß allein Allah.

Mit dem Auto

Die Fahrt von München über Belgrad, Sofia, Istanbul, Ankara und Antakya nach Aleppo dauert eine knappe Woche. Wegen der unsicheren Situation in Bulgarien (private Straßenräuber) und Serbien (beamtete Straßenräuber) wird die Balkanroute derzeit auch von den türkischen Arbeitsemigranten gemieden, die für den Heimaturlaub mit der Fähre von Italien in die Türkei übersetzen.

Für die Einreise mit dem eigenen Wagen nach Syrien wird neben internationalem Führer- und Fahrzeugschein auch ein Carnet de Passage benötigt, das die deutschen Automobilclubs ausstellen. Die Grüne Versicherungskarte wird nicht anerkannt, vielmehr muß an der Grenze eine besondere Haftpflichtversicherung abgeschlossen werden.

Reisen im Land

Binnenflüge

Für den Touristen, der ja auch auf der Strecke etwas sehen will, kommen die oft weit im voraus ausgebuchten Binnenflüge der Syrian Arab Airlines von Damaskus nach Aleppo, Deir ez-Zor und Qamishli kaum in Frage. Wer dennoch fliegt, vertraut sich einer Art Sammeltaxi der Lüfte an: Abflug, sobald alle wichtigen Passagiere an Bord sind, Sicherheitsgurte unnötig, „Handgepäck“ vor den Notausgängen, Rauchen immer und überall. Trotz alledem: Noch alle Regionalflieger sind sicher gelandet.

Busse und Sammeltaxis

Die klimatisierten Überlandbusse, die zwischen den größeren Orten Syriens verkehren, sind das beliebteste Transportmittel im Lande und mit umgerechnet ca. 2,50 DM pro 100 km überaus preiswert. Die Reise beginnt im ermüdenden Chaos überlasteter Busbahnhöfe (am schlimmsten in Damaskus), wo die abfahrbereiten Busse bis zu einer Stunde im Gedränge der Ausfahrt stehen und oft genug nur nach leichten Blessuren wie zerbrochenen Spiegeln oder Beulen den Terminal verlassen können. Hinter der Stadtgrenze geht die Fahrt dann jedoch überaus zügig, auch ein Taxi könnte kaum schneller sein. Die Staatslinie *Karnak*, für die Tickets mit Platzreservierung ein oder zwei Tage im voraus gekauft werden müssen, ist mit der Liberalisierung des Transportwesens gegenüber den privaten Anbietern ins Hintertreffen geraten. Diese *Pullmans* verkehren ebenfalls nach festem Fahrplan und sind in der Regel moderner und komfortabler – in manchen Bussen herrscht sogar Rauchverbot.

Der Regionalverkehr ist völlig in der Hand privater Gesellschaften. Die Fahrzeuge dieser Anbieter, farbenprächtig und phantasievoll geschmückten Veteranen namens „Heppy Jerney“ oder „Laky Turs“, deren Innenausstattung auf das Nötigste reduziert wurde, transportieren außer Menschen auch Hühner, Getreidesäcke und alle möglichen Dinge, die der Bauer zwischen Stadt und Dorf und der Beduine zwischen Markt und Zeltplatz zu transportieren hat. Die im Volksmund „Hopp Hopp“ genannten Gefährte halten überall dort, wo jemand ein- oder aussteigen will. Trotz halsbrecherischem Fahrstil ist die tatsächliche Reisegeschwindigkeit damit gering.

Noch eine Stufe darunter in der Hackordnung des öffentlichen Personenverkehrs stehen die *Mikros,* Kleinbusse japanischen oder koreanischen Fabrikats, die erst dann abfahren, wenn alle Plätze besetzt sind. In Damaskus bestreiten sie auf vorgegebenen Routen inzwischen den gesamten Stadt- und Vorortverkehr.

Bleiben die echten Sammeltaxis *(service):* Uralte amerikanische Straßenkreuzer, deren Anblick die Herzen aller Oldtimerfans höher schlagen läßt, bedienen Vorortstrecken und die Routen von Damaskus nach Beirut und Amman. Auch sie starten erst, wenn alle Plätze verkauft sind.

Mit der Bahn

Am Vorabend des Ersten Weltkriegs kreuzte ein stattliches Netz von Eisenbahnlinien das Gebiet des heutigen Syrien. Die Bagdadbahn streifte den

Die Hedschasbahn: Vom Ende einer „preußischen Idee"

Am 8. November 1898 schwor Kaiser Wilhelm II. am Grabe des Sultans Saladin (s. S. 15) feierlich, die mohammedanische Welt und die grüne Fahne des Propheten zu schützen. Diesem Versprechen sowie der „echt preußischen Idee, daß es lediglich strategischer Eisenbahnen zur raschen Mobilisation und schneidiger Militärinstrukteure bedürfe, um eine so morsche Baracke wie den türkischen Staat lebensfähig zu machen" (Rosa Luxemburg), verdanken die Syrer einen Haufen Schrott.

Auf dem Abstellgleis im Damaszener Vorort Quaddam rosten die Dampfloks und Waggons der weitgehend von der Deutschen Bank finanzierten, von deutschen Ingenieuren geplanten und von syrischen Wehrpflichtigen gebauten Hedschasbahn. Mit ihr wollte Sultan Abdulhamid die Pilger nach Mekka bringen und sein an den Rändern abbröckelndes Reich, das mehr arabische als türkische Untertanen zählte, zusammenhalten. Der Sturz des Sultan durch die Jungtürken stoppte 1909 den Bau des letzten Teilstücks zwischen Medina und Mekka. Gerade acht Jahre dampften die Züge von Damaskus aus 1300 Wüstenkilometer gen Süden, dann sprengte der britische Agent T. E. Lawrence mit seinen Beduinen die Strecke in die Luft (s. S. 16).

Nach Kriegsende wurden die Gleise nur zwischen Damaskus und Amman wieder erneuert. Hier verkehrt bis heute einzig am Sonntag ein eher symbolisches Zugpaar. Bei einem Bier in der Nostalgiebar des kitschig-schönen Damaszener Hedschasbahnhofs kann man über das unrühmliche Ende von kaiserlichem Glanz und Gloria sinnieren.

Nordosten, die Hedschasbahn führte von der Türkei über Aleppo und Damaskus nach Medina, die Palästinabahn verband Der'a mit Haifa und der Mittelmeerküste, und mit der Libanonbahn konnte man von Damaskus hinüber nach Beirut fahren. Durch die Grenzziehungen und Kriege wurden zwar Strecken unterbrochen und zerstört, doch baute das unabhängige Syrien bis in unsere Zeit neue Linien für den Personen- und Gütertransport im Lan. So kann man heute in komfortablen Waggons von Damaskus über Homs nach Aleppo und Deir ez-Zor oder an die Mittelmeerküste reisen.

Mit dem Mietwagen

Bei Europcar, dem größten Verleiher in Syrien, können die Wagen, vom Käfer bis zum klimatisierten Volvo-Kombi, bereits in Deutschland reserviert und bezahlt werden. Wer vor Ort bucht und nicht mit Kreditkarte bezahlt, muß eine Kaution von 1000 US-$ hinterlegen. Für das Auto rechne man bei unbegrenzten Kilometern und mit Vollkaskoversicherung je nach Klasse 2000 bis 2800 SP am Tag, mit Fahrer 1000 SP extra. Sich vom Chauffeur durchs Land kutschieren zu lassen, mag aufs erste als ein bourgeoises Vergnügen erscheinen. Tatsächlich ist dies jedoch die beste Vollkaskoversicherung: Der Fahrer haftet für alle Schäden.

Nicht alle Verleiher sind seriös. Kaum ein Auto ist nach einem Jahr noch ohne Delle oder Kratzer. Da ist die Versuchung groß, dem Mieter auch ältere Schäden anzulasten. Nur auf arabisch abgefaßte Mietverträge bestimmen, daß Reparaturen nur in der Vertragswerkstatt des Verleihers vorgenommen werden dürfen – auf Kosten des Mieters, dem das Geld über die Kreditkarte abgebucht oder von der Kaution abgezogen wird.

ℹ Europcar, Damaskus, ☎ 221 06-24, -25, FAX 223 68 64.

Transtour (Wagen mit Fahrer), Damaskus, ☎ 224 53 00, FAX 223 76 88.

Unterkunft

Zu wenige Hotels, Instandhaltungsrückstau der vorhandenen, in der gehobenen Kategorie durchwegs staatlichen Häuser, wenig motiviertes Personal und zugleich hohe Übernachtungspreise waren lange ein großes Hindernis für die touristische Entwicklung Syriens. Mit der Liberalisierung, die seit einigen Jahren auch Privatunternehmern ein Engagement im Hotelsektor erlaubt, haben sich die Verhältnisse jedoch gebessert. In Touristenzentren, beispielhaft in Palmyra, entstehen jedes Jahr neue, gut geführte Häuser. Die dringend notwendige Überprüfung der an die älteren Hotels vergebenen Sternchen steht allerdings noch aus. Geblieben sind zudem die im internationalen Vergleich hohen Übernachtungspreise für Ausländer.

Je nach Standard schmücken sich die Hotels mit amtlicherseits vergebenen Sternen von (*) bis (*****). In den beiden oberen Kategorien kann der Gast eine Zimmerausstattung nach europäischen Maßstäben erwarten, während der Service, besonders in den vom Staat betriebenen Häusern der Chams-Kette, manchmal zu wünschen übrig läßt. In der Mittel- und Unterklasse erscheint die offizielle Kategorie wahllos und ohne Zusammenhang mit dem gebotenen Komfort. Ein Haus mag einst ganz schick gewesen sein und die Sterne, mit denen es sich noch immer schmückt, verdient haben, obwohl seit Jahrzehnten kein Maler, Fliesenleger oder Spengler Hand angelegt hat.

Die in diesem Führer gegebenen Hotelempfehlungen sollen Sie nach bestem Wissen und Gewissen vor solchen Reinfällen schützen, können aber plötzlichen Veränderungen, etwa durch einen Wechsel des Managements, unterworfen sein. Der erfahrene Gast läßt sich das Zimmer zeigen, schaut auch unter das Bett und betätigt probeweise die WC-Spülung, *bevor* er den Paß an der Rezeption abgibt.

Da die Preise sich an der offiziellen Einstufung und nicht am tatsächlichen Niveau orientieren, gibt es besonders in der Mittelklasse erhebliche Unterschiede im Preis-Leistungsverhältnis. Hotels mit zwei oder mehr Sternen berechnen für Ausländer besondere Preise, die in US-$ zu begleichen sind. Nur die Luxushotels akzeptieren auch DM oder Kreditkarten, letztere zu einem sehr ungünstigen Umtauschkurs. Damit gehört Syrien zu jenen Ländern, die Individualreisende mit extrem teuren Unterkünften von oft miserablem Niveau vergrätzen. Nur in den Häusern mit einem oder keinem Stern, wo Fremde den Einheimischen gleichgestellt sind und in Landeswährung zur Kasse gebeten werden, kehrt sich das Verhältnis um: Hier wird oft eine schlichte, aber pieksaubere Unterkunft zu einen Spottpreis von umgerechnet gerade 10–15 DM geboten! In der Regel sind die Hotels auch während der Hauptsaison selten ausgelastet. Während der Festivals jedoch (s. S. 19), zum islamischen Opferfest und am Ende des Fastenmonats (s. S. 93) ist eine frühzeitige Reservierung zu empfehlen.

Sandsturm in der syrischen Wüste

Kleiner Postkartenverkäufer in Palmyra

Die wenigen Campingplätze sind in puncto Hygiene und Ausstattung sehr schlicht und laden kaum zu längerem Verweilen ein. Ein ADAC-Tester, käme er je vorbei, würde die Hände über dem Kopf zusammenschlagen und sich mit Grausen abwenden. Die Plätze bei Damaskus und Aleppo werden vorwiegend von ausländischen Wohnmobilfahrern besucht, am Mittelmeer (Latakia, Tartus, Ras al-Basit) verbringen Einheimische ihre Sommerferien in gemieteten Zelten. Freies Zelten ist erlaubt, doch sollte die Nähe von Militäreinrichtungen (Spione!) und Staatsgrenzen (Schmuggler!) gemieden werden.

** Damaskus

Das Paradies auf Erden

Seite 34

Einst, als die Gärten noch bis an die Altstadt reichten, als Damaskus noch nicht aus seinen Mauern gewuchert und über die Auen des Barada den Gebirgshang hinaufgekrochen war, soll der Karawanenführer und spätere Prophet Mohammed vom Djebel Qassiyun aus die Oase bewundert haben. In die Stadt herab begab er sich jedoch nie – denn sein Paradies war, wie man heute weiß, nicht von dieser Welt.

Auch wenn Damaskus sich heute nicht mehr ganz so paradiesisch wie damals dem Propheten zeigt, blieb es eine der schönsten Städte des Orients. Unter den Augen des allgegenwärtigen Landesvaters, dessen Konterfei auf Gebäuden und sogar Autos prangt, hält eine gut funktionierende Müllabfuhr die großzügigen Boulevards ebenso peinlich sauber wie die engen Gassen der Altstadt. Der Suq mit seinen überdachten Ladenstraßen und der bunten Vielfalt kleiner und kleinster Läden ist lebendig wie eh und je, und kein einziges Kaufhaus macht den Händlern ihre Kunden streitig.

Auch von der Bauspekulation, die vergleichbare Metropolen mit gesichtslosen Betonklötzen zerstörte, blieb Damaskus bisher verschont – selbst die Neubauviertel am Stadtrand zeugen von Geschmack, und Grünflächen bieten Kindern wie Erwachsenen Erholungsraum. Nur der überbordende Autoverkehr droht die Stadt mit Lärm und Abgasen zu strangulieren. Gegen den Mißklang aus Motorengedröhne und beständigen Hupkonzerten kommen die wohlklingenden Gebetsrufe der Muezzine nicht mehr an.

Geschichte

Die von den Bächen des Antilibanon gespeiste Oase lag schon immer verkehrsgünstig und war von Natur aus fruchtbar genug, um auch ohne aufwendige Bewässerungsbauten jenen Mehrertrag an Nahrungsmitteln zu produzieren, der zum Unterhalt von Handwerkern, eines Hofs, einer Regierung oder gar eines Heeres notwendig war. Und so streitet Damaskus mit Aleppo um die Ehre, der am längsten ununterbrochen besiedelte Ort Syriens, wenn nicht der Erde zu sein. Amoriter, Hethiter, Ägypter, Aramäer, Assyrer, Chaldäer und Perser lösten einander als Herren ab, und nach dem Tod Alexanders des Großen stritten Ptolemäer und Seleukiden um die Stadt, bis sich die Nabatäer der Handelsmetropole bemächtigten. Unter den Römern wurde die Stadtmauer hochgezogen, die Festung angelegt und der alte Tempel des Hadad zu einem repräsentativen Heiligtum für Jupiter und später zur Basilika Johannes des Täufers erweitert.

636, vier Jahre nach dem Tod Mohammeds, eroberte der arabische Feldherr Khalid Ibn al-Walid die Stadt. Juden und syrische Christen begrüßten ihn als Befreier von Byzanz und dem Joch der Reichskirche. 661 ernannte Mu'awiya, der erste Kalif der Omayyadendynastie, Damaskus zur Hauptstadt seines Weltreichs, das vom Indus bis zu den Pyrenäen reichte. Hier in Damaskus fanden die omayyadischen Heerführer und Stammesoberhäupter Gefallen am städtischen Lebensstil der Byzantiner und Perser und schmückten ihre Paläste mit den Attributen aristokratischen Lebens: Wandgemälde und Mosaiken thematisierten den Kampf und die Jagd, dazu „Wein, Weib und Gesang".

Ihren Nachfolgern, den sittenstrengen Abbasiden, galt diese Blütezeit als ein Sündenfall – sie verlegten den Hof nach Bagdad, straften Damaskus mit Vernachlässigung und gaben Palast und Gräber der Omayyaden dem Verfall preis oder zerstörten sie gar.

Seite 34

1099 erreichte ein Elendszug palästinensischer Flüchtlinge, die vor den Kreuzfahrern aus dem Heiligen Land geflohen waren, die Stadt. Sie wurden aufgenommen, wie später noch viele andere Vertriebene. Damaskus entwickelte sich zum Zentrum des Widerstands gegen die Franken. Sultan Saladin (1176–93) sorgte sich aber auch um seine Untertanen: Er rief Philosophen und Theologen nach Damaskus und stiftete 60 Medresen (religiöse Schulen), um die schiitische Häresie (s. S. 10) auszumerzen und die Seelen der Gläubigen wieder für den sunnitischen Islam zu gewinnen.

Blick auf die Omayyaden-Moschee und die Altstadt

In der Mamlukenzeit (1260–1516) wurde das „Paradies auf Erden“ dreimal von den Mongolen zerstört. Zuletzt beraubte der Mongolenfürst Timur Damaskus sogar seiner Handwerker und verschleppte sie in sein Reich. Unter den Osmanen (1516–1918) sammelte sich in der Vorstadt Midan alljährlich die große Pilgerkarawane zu den heiligen Stätten, an der oft auch Familienmitglieder des Sultans oder gar dieser selbst teilnahmen. Die Sorge um die Ausrüstung und Sicherheit dieser Karawane oblag dem Statthalter von Damaskus, dessen Amtsführung damit zugleich einer besonders strengen Aufsicht durch den Hof ausgesetzt war.

Ein Scheich in der Omayyaden-Moschee

Im Ersten Weltkrieg hatten die Alliierten den arabischen Nationalisten als Lohn für die Parteinahme gegen die Osmanen einen unabhängigen Staat versprochen. Tatsächlich zog 1919 Emir Feisal in Damaskus ein und wurde vom syrischen Nationalkongreß zum König ausgerufen. Doch im geheimen war Syrien schon 1916 der französischen Interessensphäre zugeschlagen worden – da Feisal sich weigerte, nur als Marionette zu regieren, vertrieben ihn die Franzosen am 18. Juli 1920 aus Damaskus und besetzten die inzwischen auf 200 000 Einwohner angewachsene Stadt.

So eindrucksvoll wie das Nationalmuseum ist auch sein Eingang

Seite 34

Stadtbesichtigung

Mit der hierher versetzten Prunkfassade des Wüstenschlosses Qasr al-Hair al-Gharbi bietet schon der Eingang des **** Nationalmuseums** (Mathaf al-Watani) ❶ einen Vorgeschmack auf die ausgestellten archäologischen Schätze. Eine Besichtigung führt den Besucher zu zahlreichen Funden, die Syrien-Reisende am Grabungsort selbst schmerzlich vermissen. Allerdings sind die Objekte eher lieblos und ohne weitere Erläuterung präsentiert, und auch der wissenschaftlich trockene Katalog läßt kaum Lesefreude aufkommen.

In der vorgeschichtlichen Abteilung trifft man auf Schriftproben aus Ebla, den Inhalt eines königlichen „Geschenkpakets“, das der Herrscher von Ur seinem Kollegen in Mari sandte, und schöne Elfenbeinschnitzereien aus Ugarit. Aus dem auf einem Tontäfelchen notierten, 3400 Jahre alten Alphabet von Ugarit (s. S. 83) entwickelte sich über viele Zwischenstationen auch die lateinische Schrift. Die Exponate der griechisch-römischen und byzantinischen Epoche findet man im älteren Ostflügel. Eigene Säle sind dem Hauran und Palmyra gewidmet – man versäume nicht die im Keller aufgebaute Gruft des Yarhai. Höhepunkt des Museums ist aber die rekonstruierte Synagoge von Dura Europos mit ihrem ungewöhnlichen Freskenzyklus alttestamentarischer Motive. An der Decke läßt sich zwischen Fabelwesen auch der Name Abrahams („ABPAM“) in griechischen Lettern entdecken. April bis Sept. tgl. außer Di 9–18 Uhr, im Winter nur bis 16 Uhr. Ein ausführlicher Katalog ist an der Kasse erhältlich.

Mit ihrer gebänderten Fassade greift die ansonsten von osmanischen Stilelementen wie einer großen Kuppel und schlanken Minaretten geprägte *** Takiye Sulaimaniye** ❷ auch Traditionen der syrischen Architektur auf. Die Tekke (das „Kloster“) des Derwischordens wurde von Sinan, dem Hofarchitekten Sultan Suleimans des Prächtigen (1520–1566), entworfen und diente später als Herberge der Mekkapilger.

Nicht recht zur pazifistischen Gesinnung der Derwische will passen, daß ein Teil der Tekke heute das syrische *Militärmuseum* beherbergt. Der Hof ist mit rostigem Kriegsgerät vollgestellt, Küche und Refektorium dienen als Waffenkammern, unter denen allenfalls die Sammlung Damaszener Dolche und die Modelle mittelalterlicher Belagerungsmaschinen interessant sind. Allemal sehenswerter ist der ebenfalls in der Tekke eingerichtete *Basar für Kunsthandwerk*, wo sich manches Souvenir günstiger als in der Altstadt erstehen läßt. Sogar einem Glasbläser kann man hier bei der Arbeit über die Schulter schauen.

Sein eklektizistisches Stilgemisch aus orientalischem Allerlei und Kolonialarchitektur macht den 1917 eingeweihten **Hedschasbahnhof** ❸ zum Denkmal – auch Kitsch kann schön sein. Die Züge nach Medina dampften gerade ein Jahr aus der Station, dann wurde die Linie von den Freischärlern des Lawrence von Arabien (s. S. 16) auf immer unterbrochen. Heute wird der Bahnhof nur noch von Vorortzügen angefahren. Abends lädt die in musealen Waggons eingerichtete Hedschasbar zu einem kühlen Bier ein.

Die von einer bronzenen Moschee gekrönte **Telegraphensäule** ❹ auf dem Platz der Märtyrer (Sahet Merdje) feiert einen früheren Versuch der Osmanen, eine Verbindung zwischen Damaskus und den heiligen Stätten einzurichten. Auch die Geistlichkeit zeigte sich von der Neuerung seinerzeit begeistert: So konnte die Nachricht vom ersten Aufgang des Neumonds in Mekka ohne Verzug nach Damaskus gelangen und damit der Beginn des Fastenmonats Ramadan endlich fehlerfrei bestimmt werden.

Die **Zitadelle** ❺ am Rande der ***** Altstadt** geht auf ein römisches Heerlager zurück. Ihr heutiges Aussehen erhielt sie zu Anfang des 13. Jhs. Seit dem Auszug der Armee (1985) wird die mittelalterliche Bausubstanz im Schneckentempo restauriert. Noch weiß keiner, was aus dem trutzigen Gemäuer einmal werden soll.

Mit dem * **Suq al-Hamidiye** ❻ führt die lebendigste und bunteste Einkaufsstraße der Stadt direkt zur Omayyadenmoschee. Abends nach Geschäftsschluß breitet die Damaszener Schattenwirtschaft noch für eine bis zwei Stunden ihre Waren auf dem Kopfsteinpflaster aus.

Der ehemals ziegelgedeckte, heute aber von einem Blechdach überspannte Suq wurde erst 1873 als schnurgerade Schneise durch das Quartier geschlagen und war mit seinen für einen orientalischen Basar ganz ungewöhnlichen Schaufenstern und dem eisernen Dachstuhl die osmanische Antwort auf die europäischen Einkaufszentren der viktorianischen Zeit. Daß die Löcher im Dach des Suqs auf das französische Bombardement von 1925 zurückgehen, ist eine wohlgepflegte Legende; Tatsache bleibt, daß der Suq damals schwer beschädigt wurde.

Das * **Bimaristan an-Nuri** ❼ wurde von Sultan Nuraddin (1146–74) als Krankenhaus gestiftet und war bis ins 19. Jh. das führende Spital der Stadt. Die dekorativen Muqarnas, vorkragende, bienenwabenähnliche Zellen in der Halbkuppel über dem Portal, wurden aus der seldschukischen Architektur übernommen und hier wohl zum ersten Mal in Damaskus angefertigt. Das leise Plätschern des Brunnens unterstreicht die wohltuende Ruhe des Innenhofs.

Im Iwan (s. S. 18) gegenüber dem Eingang hielt der Chefarzt seine Konsultationen und unterrichtete den medizinischen Nachwuchs. Passend für ein ehemaliges Krankenhaus ist in den Räumen heute ein *Museum* für die Geschichte der islamischen Wissenschaften und besonders der Medizin eingerichtet. 🕓 tgl. außer Di u. Fr 8 bis 13.30 Uhr.

Die Moschee Takiye Sulaimaniye

In der Altstadt

Damaszenischer Glasbläser

Seite 34

1. Nationalmuseum
2. Takiye Sulaimaniye
3. Hedschasbahnhof
4. Telegrafensäule
5. Zitadelle
6. Suq al-Hamidiye
7. Bimaristan an-Nuri
8. Propylon
9. Omayyadenmoschee
10. Djakmakiye-Medrese
11. Ruqayya-Moschee
12. Grab Saladins
13. Zahiriye-Medrese
14. Adiliye-Medrese

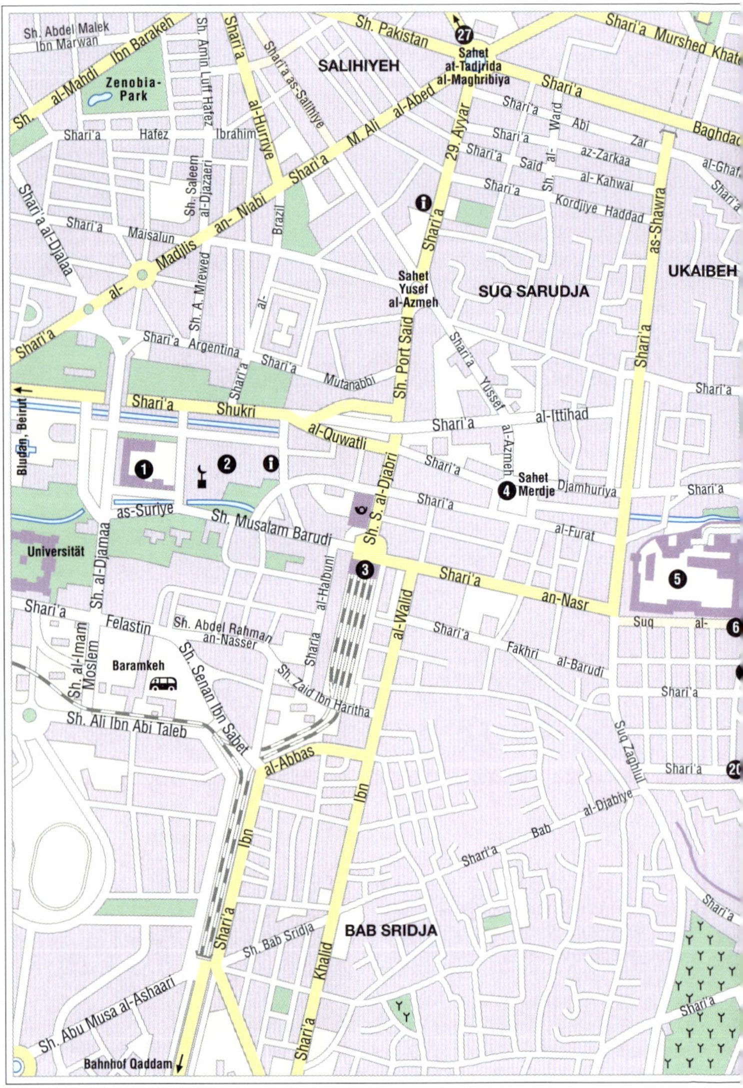

15 Khan al-Gumruk
16 Khan al-Harir
17 Medrese des Abdallah al-'Azm
18 'Azm-Palast
19 Khan al-'Azm
20 Gerade Straße
21 Bait Siba'i
22 Bait Nizam
23 Maktab' Anbar
24 römischer Bogen
25 Hananiaskapelle
26 Pauluskapelle
27 Djebel Qassiyun

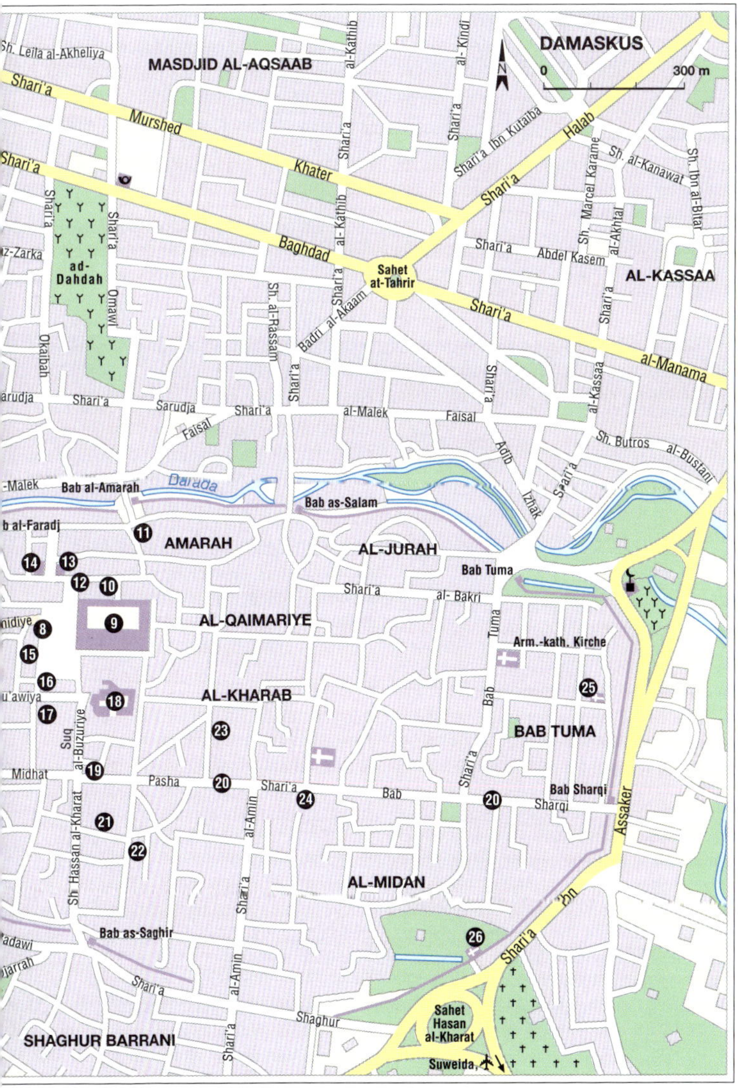

Seite 34

Wenden Sie sich wieder dem Suq al-Hamidiye zu. Das antike **Propylon ❽** am Ostende des Suqs war einst der Nebeneingang zum heiligen Bezirk (Temenos) des *Jupiter-Tempels*, einem gewaltigen, 205 x 385 m großen und künstlich erhöhten Platz. Eine ungefähre Vorstellung von den Ausmaßen der majestätischen Anlage erhält man bei der Besichtigung des Baal-Tempels in Palmyra. Nach dem Niedergang der heidnischen Kulte wurde, wohl unter Kaiser Theodosius (379–395), der im Westteil des heutigen Hofs vermutete Tempel in eine Johannes dem Täufer geweihte Kirche umgewandelt oder durch einen Neubau ersetzt.

Der Omayyadenkalif al-Walid ließ 708 bis 714 oder 715 den gesamten Innenbereich des Temenos planieren und hier die 140 m breite und 40 m tiefe ***** Omayyadenmoschee ❾** errichten – lange Zeit das prächtigste und größte Gebetshaus des Islam, in dessen Bau auf sieben Jahre die gesamten Steuereinnahmen Syriens geflossen waren. Al-Walid behielt die Umfassung des Temenos und die vier Ecktürme bei, die damit zu den ersten Minaretten einer Moschee wurden. Im Südwestabschnitt des Hofs und der Moschee sind noch die römischen Grundmauern zu erkennen.

Man betritt zunächst den von Arkaden umgebenen Hof mit Brunnen und zwei kleinen Pavillons, von denen das „Schatzhaus“ mit seinen schönen Mosaiken noch auf al-Walid zurückgeht. Die Mosaiken, die den Hofumgang schmücken, sind zum größten Teil Rekonstruktionen. In der Westarkade und am Haupteingang zum Gebetssaal befinden sich beachtenswerte Bilder paradiesischer, doch seltsam lebloser Landschaften. Erst beim zweiten Hinsehen fällt auf, daß in diesem Paradies Menschen und Tiere fehlen, deren Abbildung im religiösen Bereich für die Muslime tabu ist. Der Gebetssaal wird in der Mitte von einer Kuppel gekrönt. In einem fein gearbeiteten Marmorschrein aus der Zeit von Abdulhamid II. wird angeblich das Haupt Johannes des Täufers aufbewahrt, den die Muslime als Propheten verehren. Der Betsaal wurde zuletzt nach dem verheerenden Brand von 1893 erneuert, die Restaurierung folgte aber dem unter al-Walid geschaffenen Vorbild. Seine hofseitige Fassade zeigt eine verblüffende Ähnlichkeit mit dem in einem Mosaik in Ravenna überlieferten Kaiserpalast des Theodosius. 🕓 tgl. 9–17 Uhr, nicht jedoch Fr während der Gebetszeit (12.30–14 Uhr). Frauen ohne langen Rock und lange Ärmel werden von den Pförtnern in leicht muffige Umhänge gezwängt.

Vor dem Nordtor der Moschee birgt die **Djakmakiye-Medrese ❿** (erbaut 1420, 🕓 tgl. außer Di 8–14 Uhr) ein kleines inschriftenkundliches Museum mit schönen Beispielen der arabischen Schriftkunst und einer Sammlung von Schreibgeräten.

Die Bewohner des Amara-Viertels zwischen Omayyadenmoschee und Barada gehören überwiegend den schiitischen Minderheiten an. Nach der iranischen Revolution stifteten die neuen Machthaber ihren syrischen Glaubensbrüdern die monumentale **Ruqayya-Moschee ⓫**. Nach dem Besuch der Omayyadenmoschee mag der mit Fayencen verkleidete Stahlbetonbau im iranischen Stil den Wandel (man scheut hier das Wort „Fortschritt“) von Geschmack und Baukunst verdeutlichen. Sayida Ruqayya war eine Tochter von Alis Sohn Husain, dem meistverehrten Märtyrer der Schiiten. Husain, nach der schiitischen Lehre der dritte rechtmäßige Kalif, hatte dem Omayyadensultan Yazid den Gehorsam aufgekündigt. Nach Husains Niederlage in der Schlacht von Karbala (680), der die Schiiten am 10. Muharram mit ihrem höchsten Feiertag gedenken, schickte der omayyadische Feldherr Husains Kopf an den Hof nach Damaskus. Das Haupt soll zwar unter der Ruqayya-Moschee begraben liegen, doch behaupten außerdem auch noch Karbala und Kairo, die Reliquie zu besitzen.

An der Nordseite der Omayyadenmoschee findet man das vergleichsweise bescheidene **Grab des Sultans Saladin** ⓬ (s. S. 15), der im Orient bis in die Gegenwart hinein weit weniger angesehen war als im Westen. Was den Europäern als Ritterlichkeit und Toleranz erschien, interpretierten die Moslems als Zauderei und zu sanften Umgang mit den Franken. Im Mausoleum erinnert eine Laterne mit den Monogrammen Kaiser Wilhelms II. und Sultan Abdulhamids an den Besuch der beiden Monarchen. Abdulhamid hatte zuvor den neueren der beiden Sarkophage gestiftet, Wilhelm kam für die Renovierung der Türbe (Grabanlage) auf. 🕓 tgl. 9–17 Uhr.

Was vom Jupiter-Tempel übrig blieb

Seite 34

In der **Zahiriye-Medrese** ⓭ ist mit dem Mamlukensultan al-Malik az-Zahir Baibars (1260–77) ein weiterer Herrscher beigesetzt, der die Kreuzritter das Fürchten lehrte. Die Verbindung aus religiöser Schule, Moschee und Mausoleum in einem Komplex ist für die Grabstätten der Mamluken nicht ungewöhnlich. Nebenan in dem uralten, jüngst restaurierten Badehaus dürften schon die Bauarbeiter der Medrese geschwitzt haben. In der gegenüberliegenden **'Adiliye-Medrese** ⓮ ist Saladins Bruder und Nachfolger al-'Adil Saif ad-Din bestattet.

Im Hof der Omayyaden-Moschee …

Werfen Sie sich jetzt wieder ins Getümmel der Suqs. Um die Hauptmoschee werden Schmuck und die einst kaum weniger kostbaren Güter wie Stoffe und Gewürze verkauft. In den *Khanen*, wie die alten Karawansereien genannt werden, nahmen die reisenden Kaufleute Quartier. Hier unterhielten die Geldwechsler ihre Büros, außerdem dienten die Khane den Händlern als Lagerhäuser. Die 18 noch erhaltenen Karawansereien von Damaskus wurden alle in osmanischer Zeit errichtet. Beispielhaft sei hier der L-förmige, von sechs Kuppeln überwölbte **Khan al-Gumruk** ⓯ (1609) genannt, in dem lange die Zollstation des Suq angesiedelt war, bevor die Textilhändler das Gebäude übernahmen. Auch der zweige-

… und ein Pavillon in ihrem Arkadenhof

Seite 34

schossige **Khan al-Harir** ⑯ (1573 bis 1574), in dem früher Seide und Brokat gehandelt wurden, ist heute ein Einkaufszentrum für Alltagskleidung. Die Freunde guter Handwerksarbeit kommen in der **Medrese** des **Abdallah al-'Azm** ⑰ auf ihre Kosten, in der ein angesehenes, allerdings auch teures Souvenirgeschäft wertvolle Antiquitäten anbietet.

Für den 1750 vollendeten ***'Azm-Palast** ⑱ wurden eigens römische Säulen aus Bosra herbeigebracht und ein Kanal zum Barada gegraben, um den Garten bewässern zu können. Die Räume um den Wohnhof sind als *Volkskundemuseum* gemäß ihrer ursprünglichen Bestimmung eingerichtet und mit lebensgroßen Puppen ausstaffiert. 🕓 tgl. außer Di 8.30–16 Uhr, im Sommer bis 18 Uhr; Fr 11–13 Uhr Gebetspause. Die 'Azms waren im 18. Jh. die führende Familie der Stadt, aus ihren Reihen kamen gleich mehrere Gouverneure. As'ad al-'Azm, der Bauherr des Palais, hatte dieses Amt ab 1743 über die ungewöhnlich lange Periode von 14 Jahren inne, bis auch er, wie die meisten seiner Vorgänger, in Ungnade fiel. Auf die Nachricht von seiner Absetzung brach in Damaskus ein Aufruhr los, und die Stadt fiel unter den Terror rivalisierender Banden der verschiedenen Viertel. Die Pilgerkarawane, die As'ad al-'Azm 14 Jahre sicher nach Mekka und zurück geführt hatte, wurde geplündert, und 20 000 Pilger verdursteten in der Wüste. Anstatt den entlassenen Gouverneur um des lieben Friedens willen wieder ins Amt zu setzen, verdächtigte der Sultan ihn als Anstifter allen Ungemachs und ließ ihn im Badehaus erwürgen.

Vorbei an den Spezereien und Leckereien des Suq al-Buzuriye gelangt man zum ***Khan** des **As'ad Pascha al-'Azm** ⑲ (1752/53), mit dem sich der Bauherr des Palastes ein weiteres Denkmal setzte. Vier Pfeiler tragen die Dachkuppeln, deren mittlere vor geraumer Zeit einstürzte. Auf den zwei Etagen fanden 66 Geschäfte Platz. Leider ist der schönste Khan der Stadt wegen Restaurierungsarbeiten derzeit nicht zugänglich.

Der Suq endet an der schon in der Apostelgeschichte als Via recta erwähnten **Geraden Straße** ⑳, die die gesamte Altstadt in Längsrichtung durchschneidet. Die Schneise geht auf die hellenistischen Stadtplaner zurück, die sich vor 2300 Jahren bemühten, mit Schachbrettgrundrissen Ordnung in das Chaos ihrer eroberten Städte zu bringen. Topographie und alte Heiligtümer setzten dem Ordnungssinn jedoch Grenzen, und so besitzt auch die Gerade Straße einen kaum merklichen Knick.

Diese Unstimmigkeit veranlaßte Mark Twain zu der Notiz, die Gerade Straße sei zwar gerader als ein Korkenzieher, aber nicht so gerade wie ein Regenbogen. Ihre frühere Breite von stolzen 26 m läßt sich noch im Westteil erahnen, wo ein parallel verlaufender Suq den früheren Straßenrand markiert.

Auf der Verlängerung des Suq al-Buzuriye über die Gerade Straße hinaus gelangt man in ein stilles Wohnviertel. Hier sind vor allem Sunniten zu Hause. Weiter östlich schließt sich das Viertel der Damaszener Juden an, die mit wenigen Ausnahmen jedoch zu Beginn der neunziger Jahre in die USA auswanderten. In den labyrinthartig verwinkelten Gassen sind zwei aufwendig restaurierte Bürgerhäuser aus dem 17. und 18. Jh. öffentlich zugänglich: **Bait Siba'i** ㉑ und **Bait Nizam** ㉒, in dem einst der britische Konsul residierte. Das nicht minder prächtige **Maktab 'Anbar** ㉓, in dem von 1887 bis 1986 das älteste und angesehenste Gymnasium der Stadt untergebracht war, wurde ursprünglich von einem jüdischen Händler errichtet.

Der **römische Bogen** ㉔ in der Mitte der Geraden Straße markiert das geographische Zentrum der Altstadt. Er wurde während der Mandatszeit unter der heutigen Straße entdeckt (das Straßenniveau ist durch den Schutt der Jahrhunderte immer höher angewachsen) und neu aufgerichtet. Etwa hier be-

Seite 34

ginnt das Christenviertel, das, wiederum nach Konfessionen untergliedert, den Ostteil der Altstadt einnimmt. Immerhin acht Bischöfe residieren in Damaskus. Mit Ausnahme der unterirdischen **Hananiaskapelle** ㉕ (Kanise Hananiya, ⏲ tgl. 9–13, 16–19 Uhr), einer der ältesten christlichen Stätten überhaupt, sind die weitgehend nach dem Christenmassaker von 1860 errichteten Kirchen kunsthistorisch wenig bedeutsam. Die im Bab Kaisan gegenüber dem christlichen Friedhof eingerichtete **Pauluskapelle** ㉖ (Kanise Mar Bulos) soll jener Ort sein, wo der vor den Nachstellungen der Damaszener fliehende Apostel nächtens in einem Korb über die Stadtmauer abgeseilt wurde – eine in der Apostelgeschichte überlieferte Episode, deren „Tatort" Bab Kaisan aber eine Erfindung des 20. Jhs. ist.

Wer das sommerliche Freizeitvergnügen der Damaszener kennenlernen will, fährt mit der abendlichen Autokarawane hinauf auf den **Djebel Qassiyun** ㉗. Hier sitzen die Familien mit Kind und Kegel bis weit nach Mitternacht, genießen die frische Luft, ein Picknick oder die Wasserpfeife. Der Blick schweift über das Lichtermeer der

Römisch Säulen stützen die Arkaden des 'Azm-Palastes

Der Eingang zum Bait Nizam

Eine Stadt aus vielen Dörfern

Die älteren Viertel von Damaskus haben ihre eigene Moschee, Kirche oder Synagoge, einen eigenen Markt für die täglichen Bedürfnisse, den öffentlichen Brunnen und ein Badehaus. Gewöhnlich sind die Quartiersbewohner durch gemeinsame Herkunft und den gleichen Glauben miteinander verbunden.

Wenn die Christen bei einem spontanen Straßenfest den Anisschnaps in Strömen fließen lassen oder ihre jungen Frauen ärmellos und in engem Rock flanieren, nimmt in der „Christengasse" niemand Anstoß. Minderheiten können unter sich ihre anderen Gemeinschaften vielleicht Anstoß erregenden Bräuche pflegen und religiöse wie private Feste ungestört miteinander feiern.

Wie sich die Viertel nach außen abschotten (in manchen Gassen Aleppos entdeckt man noch eigene Stadttore), sind auch die alten Häuser durch hohe, fensterlose Mauern vor den Blicken von Neugierigen abgeschirmt. Allenfalls anhand der mehr oder minder prunkvoll gerahmten und beschlagenen Tür kann ein Fremder erahnen, wie es um den Wohlstand des Hausherrn bestellt ist.

Stadt, der mit dem Unrat der Ausflügler übersäte Steilhang bleibt gnädig ins Dunkel gehüllt. Hier ist der richtige Ort, um Abschied zu nehmen von Damaskus.

Praktische Hinweise

Seite 34

ℹ Tourist-Information, Sh. 29 Ayyar (Straße des 29. Mai), ☎ (011) 222 23 88, FAX 224 26 36, 🕓 tgl. außer Fr 9–18 Uhr. Sparen Sie sich den Weg – die Damen sind unwissend bis unwillig und haben abgesehen von Stadtplänen keinerlei Material.

Eine freundlichere, aber nicht unbedingt kompetentere Filiale befindet sich am Ostausgang der Takiye Sulaimaniye.

Paßamt (al-hidjra wa l-djawazat): Sh. al-Filastin, beim Busbahnhof Baramkeh, 🕓 tgl. außer Fr 8–14 Uhr.

✈ Der Flughafen liegt 35 km südlich der Hauptstadt. Halbstündliche Busverbindung ins Stadtzentrum (Sh. al-Ittihad). Für ein Taxi rechne man 10 US-$.

🚌 Den mit Fern- und Auslandsbussen chronisch überlasteten Busbahnhof Baramkeh findet man zwei Blocks südwestlich des Nationalmuseums. In unmittelbarer Nachbarschaft fahren auch die Servicetaxis nach Amman und Beirut ab.

🚆 Vom Hedschasbahnhof, wo auch die Fahrkarten verkauft werden, befördern Zubringerbusse die Fahrgäste zum Bahnhof Qaddam, dem Ausgangspunkt der Fernzüge.

Ⓗ **Cham Palace,** Sh. Maisalun/Ecke al-Brazil, ☎ 223 23 00, FAX 223 23 20. Das führende Hotel der Stadt mit allem Komfort, etwa 20 Gehminuten von der Altstadt gelegen. $$$
Kurtaja, Sh. al-Furat, Merdje (hinter dem Innenministerium), ☎ 222 00 45, FAX 222 03 25. Ein Neubau mit relativ geräumigen Zimmern, die mit Klimaanlage, Fernsehen und Minibar ausgestattet sind. Im Dachgeschoß lädt ein Restaurant mit Beduinenzelt und Folklore-Ambiente zum Verweilen ein. $$
Burdj Ala', ☎ 223 16 92, FAX 224 68 65. Kette mit derzeit sieben Mittelklassehotels im Stadtzentrum, im Verhältnis zum gebotenen Komfort relativ preiswert und von verläßlicher Qualität. $$
Al-Haramein, Suq as-Sarudja, ☎ 222 94 87. Das einfache Stadthaus mit schönem Innenhof ist der Besuchertreffpunkt von Damaskus. Falls es belegt ist, empfiehlt sich das ar-Rabi (in der gleichen Straße). $

Ⓡ **Chevalier** (Al-Fares), Sh. Abdel Malik Ibn Marwan, Abu Rumaneh. Ein guter Tip für Freunde von Fisch und Meeresfrüchten; mit gleicher Noblesse das benachbarte **Chaumière** (Al Koh). $$$
Omayad Palace (Qasr al-Umawi), Hayy al-Qabqabiye (auf der Südseite der Omayyadenmoschee). In einem alten, in traditionellem Stil eingerichteten Gewölbe spielt ein Orchester zum üppigen Buffet arabische Klassik und zeigen halbwüchsige Derwischtänzer ihre Kunst. Kein Alkohol. $$$
Abu al-'Izz, zwischen Suq al-Hamidiye und Bab al-Barid. Die Wände dieses Traditionslokals sind mit aufwendigen Steinintarsien verkleidet. Tagsüber schöne Aussicht auf die Omayyadenmoschee, abends Live-Musik. Kein Alkohol. $$
Nadi al-'Ummal (Arbeiterclub), in der ersten Straße rechts, wenn man vom Yusef-al-Azmeh-Platz kommt. Getafelt wird im Hof eines alten Damaszener Hauses – eines der wenigen Gartenlokale im Stadtzentrum. $$
As-Sahlul, Sh. Sanjaqdar, Merdje. Eine englischsprachige Speisekarte hilft, die richtige Auswahl unter den preiswerten Gerichten zu treffen. Auch Vegetarier kommen hier nicht zu kurz. $

Maqha an-Naufara, am Osttor der Omayyadenmoschee. Das berühmteste Kaffeehaus der Stadt, in dem manchmal auch der letzte professionelle Geschichtenerzähler von Damaskus die Gäste in seinen Bann zieht. $

Ausflug

Wenn die Hitze über der Stadt liegt und jede Bewegung lähmt, fliehen die Damaszener, die es sich leisten können, hinauf in die Sommerfrische des Baradatals. Wer die Fahrt mit dem Taxi oder eigenen Wagen unternimmt, besucht nahe der Autobahnausfahrt ins Baradatal am Wegesrand zunächst das **Grab des Abel** (Kabr Habil), der hier von seinem Bruder Kain bestattet worden sein soll. Dem 7 m langen Sarkophag nach zu urteilen, muß Abel ein wahrer Riese gewesen sein. Das drusische Heiligtum bietet eine herrliche Aussicht übers Tal. Leider verbietet sich ein Erinnerungsfoto, denn Kameras müssen zuvor bei einem Militärposten deponiert werden.

Die Villen der Streusiedlung **Zabadani** verlieren sich auf 1300 bis 1500 m Höhe in einer Parklandschaft mit Obstgärten, Pappelwäldchen und Wiesen. Hauptattraktion ist noch vor dem Ortsanfang die Quelle des Barada. Das kristallklare und erfrischend kühle Wasser füllt einen kleinen See, in dem Mutige baden und auf dem weniger Mutige eine Kahnpartie unternehmen können. An den Ufern lassen sich die Ausflügler zum Picknick nieder. Auch **Bludan,** der zweite Erholungsort, rühmt sich seiner Quellen. Eine von ihnen versorgt Syrien mit Mineralwasser. Die alte Kirche erinnert daran, daß Bludan ein weitgehend christliches Dorf war, bevor reiche Syrer und Araber aus den Ölstaaten hier ihre Ferienhäuser errichteten.

Kleinbusse vom Terminal unter der Assad-Brücke in Damaskus.

Grand Hotel, Bludan, (013) 21 81 12. Das 1930 eingeweihte Luxushotel öffnet seine Pforten nur Juni bis Sept. Schwimmbad und Tennisplatz können auch in Verbindung mit einem Mittagessen genutzt werden. $$

Baidar Abu Zad, Bludan, (013) 22 82 36. Schmuckes Gartenlokal am höchsten Punkt des Ortes, Aussicht auf den Berg Hermon. An Sommerwochenenden sollte man reservieren. $

Hier bietet die Teemaschine auch optischen Genuß

Hananiaskapelle: Statue des Heiligen

Seite 34

** Aleppo

Alt wie die Ewigkeit

Seite 45

Aleppo (arab. Halab) leidet unter dem Trauma, nach Damaskus „nur" die zweite Stadt Syriens zu sein. Dabei blickt die Stadt im Norden des Landes mindestens auf eine ebenso lange Geschichte zurück, verfügt über prächtige Moscheen, und die Suqs sind sogar ursprünglicher und um ein Vielfaches größer als in Damaskus. Tatsächlich gibt sich Aleppo orientalischer und ist der Dritten Welt näher als die vergleichsweise gepflegte und geordnete Rivalin. Der Verkehr tost chaotischer, und die Händler sind um einiges geschäftstüchtiger als ihre Kollegen in der Hauptstadt. Schmucke Natursteinplatten, mit denen nahezu alle modernen Betonbauten verkleidet sind, glätten die Brüche zwischen der sich in eine Talmulde schmiegende Altstadt und den die Hügel hinauf weit ins Umland wuchernden Vorstädten und Industrievierteln. Im Zentrum des gelbgrauen Häusermeers erhebt sich majestätisch und kraftvoll die Zitadelle – Ursprung und Wahrzeichen Aleppos.

Geschichte

So wie in Damaskus die Oase, lockte in Aleppo der Zitadellenberg sicher schon in grauer Vorzeit Siedler an; welche der beiden Städte nun die ältere ist, wird sich wohl nie entscheiden lassen. Um 1600 v. Chr. fiel das amoritische Kleinreich von Jamchad samt seiner Hauptstadt Aleppo unter dem Ansturm der Hethiter. Nachdem diese wiederum den Seevölkern unterlagen, sank die Metropole zu einer unbedeutenden Provinzstadt ab, die den Quellen kaum noch eine Erwähnung wert war. Immerhin wissen wir, daß sich damals ein aramäisches Heiligtum des Wettergottes Hadad auf der Zitadelle befand. Im Museum sind einige Kultstatuen aus diesem Heiligtum ausgestellt. Erst Seleukos I. (301–281 v. Chr.), ein Nachfolger Alexanders des Großen, verhalf dem Marktflecken wieder zu Glanz und Wachstum. Die nach dem Ideal der hellenistischen Stadtplaner exakt 48 x 124 m großen, rechteckigen Straßenblöcke bestimmen bis heute die Topographie der Altstadt.

Nach den Zerstörungen durch Byzantiner und Sassaniden brachten Khalid Ibn al-Walid (636) und sein muslimisches Heer den Aleppinern für eine Weile Ruhe und Sicherheit. 944 bemächtigten sich die schiitischen Hamdaniden der Stadt. Die arabischen Chronisten rühmen ihren von Aleppo aus regierenden Sultan Saifaddaula („das Schwert des Staates", 944–967) als einen liberalen und großzügigen Förderer der Künste und Wissenschaften, der führende Gelehrte seiner Zeit um sich scharte.

1098 standen schließlich die Kreuzritter zwei Wegstunden vor Aleppo und schnitten es von der Küste und dem Hinterland ab. Imadaddin Zangi (1127–46) und sein Enkel Nuraddin (1146–74) organisierten von Aleppo aus den Widerstand gegen die Franken und gegen schiitische „Häretiker". Die Zangiden befestigten die vernachlässigte Stadtmauer und hinterließen der Nachwelt zahlreiche neue Moscheen, Medresen und Bäder. Die Zusammenarbeit mit den Venezianern, die hier im 13. Jh. sogar eine Handelsvertretung unterhielten, sicherte Aleppo eine führende Rolle im europäisch-asiatischen Fernhandel. Unter den Osmanen genossen die ausländischen Handelsagenten und ihre einheimischen, vor allem christlichen und jüdischen Mittelsleute quasi diplomatischen Status. Trotz der enormen Profite, die in Aleppo zu machen waren, besaß die Stadt unter den ausländischen Kaufleuten ei-

Blick von der Zitadelle zum Minarett

nen schlechten Ruf. Jeder Fremde mußte ohne Anhang in bestimmten reservierten Khanen leben und durfte diese nachts nicht verlassen. Im Khan al-Gumruk, dem Quartier der Engländer, Franzosen und Niederländer, sorgte immerhin eine Bibliothek mit Werken in europäischen Sprachen für beschränkte Abwechslung an langen Abenden.

Seite 45

Ende des 18. Jhs. fiel Aleppo, dessen Fernhandel inzwischen weitgehend in französischen Händen lag, hinter Damaskus und schließlich Beirut zurück. Nach dem Ersten Weltkrieg ließen sich viele aus der Türkei vertriebene Armenier in der Stadt nieder.

Stadtbesichtigung

Das * **Nationalmuseum** ❶ zeigt vor allem Funde der frühgeschichtlichen und klassischen Stätten Nordsyriens. Die islamische Zeit kommt etwas kurz, und die Galerie syrischer Maler will nicht recht zum archäologischen Schwerpunkt des Hauses passen. Mit der Sammlung von Damaskus kann sich das Museum nicht messen; es ist dennoch sehenswert und ersetzt dem einschlägig Interessierten den Besuch der unzugänglichen und für den Laien wenig sehenswerten Ausgrabungen in der Djezire. Ein Katalog in englischer Sprache hilft über die nur arabische Beschriftung der Exponate hinweg.

Die erste Halle beginnt mit *Tell Brak*, einer von Max Mallowan, dem Gatten Agatha Christies, ausgegrabenen Siedlung, die bis ins 4. Jahrtausend v. Chr. zurückreicht. Auffällig sind die in einem Tempel gefundenen Votivgaben in Gestalt übergroßer Augen. Die Skulpturen von *Mari*, etwa die elegante „Göttin mit der Vase“ (18. Jh. v. Chr.), belegen die hochentwickelte Kultur dieser Euphratstadt, die vor Ort mit nur wenigen Lehmziegelmauern eher enttäuschende Eindrücke hinterläßt. Auch einige Tontafeln aus dem berühmten Archiv der Stadt sind ausgestellt, das für Historiker zu den wichtigsten Quellen der Frühgeschichte des Vorderen Orients zählt. Die übrigen Räume der ersten Halle gehören den Exponaten aus *Hama* und *Ugarit*, hier etwa eine schöne Bronzestatue des Baal.

Schon am Haupteingang grüßten den Besucher Basaltstatuen von Fabelwesen und Göttern aus dem Tempelbezirk von *Tell Halaf*, und in der hinteren Halle sind weitere Funde aus dieser Hauptstadt eines aramäischen Kleinreiches (um 1000 v. Chr.) ausgestellt. Der Tell nahe dem Grenzübertritt des in der Türkei entspringenden Flusses Khabur wurde von dem deutschen Diplomaten Max von Oppenheim beim Bau der Bagdadbahn entdeckt und ausgegraben. Oppenheim brachte die meisten Funde in sein privates Museum nach Berlin und hinterließ den Syrern größtenteils nur Repliken.

Da die Berliner Sammlung bis auf wenige, von Oppenheim dem Pergamon-Museum vermachte Stücke bei einem Bombenangriff im Zweiten Weltkrieg auf immer verlorenging, besitzt Aleppo dennoch die umfangreichste Sammlung der freilich etwas starren und provinziellen Kunst vom Rande des aramäischen Kulturkreises.

Wie die Statuen aus Tell Halaf sind auch die Funde aus *Arslan Tash* von assyrischen Vorbildern beeinflußt. Beide Städte wurden schließlich im 9. Jh. von den Assyrern erobert. Besonders sehenswert sind hier die einst aus Phönizien importierten Elfenbeinschnitzereien. Das Wandgemälde aus *Tell Ahmar* schließlich zierte ursprünglich den Palast eines assyrischen Statthalters. 🕓 im Sommer tgl. außer Di 8–14, 16–18 Uhr, im Winter 10–13, 14 bis 16 Uhr.

Die Entdeckungsreise durch die ** **Altstadt** beginnt am mittelalterlichen Stadttor **Bab Antakiye** ❷. Hier zogen, vielleicht noch durch die Reste eines römischen Triumphbogens, 636 die moslemischen Eroberer in die Stadt ein. Zu beiden Seiten des Tores sind noch Abschnitte der Stadtmauer zu besichti-

Seite 45

gen, und links kann man sogar auf den Wall hinaufklettern und die Aussicht über die Stadt genießen. Mit insgesamt 7 km überdachten Einkaufsstraßen dürfte Aleppo den größten geschlossenen ** *Basar* des Orients besitzen. Der **Suq al-Madina** führt als schnurgerade Hauptachse vom Bab Antakiye bis an den Fuß des Zitadellenhügels. Am Anfang gehört er den Metallwarenhändlern, im nächsten, mit Zinnblech gedeckten Teil werden Textilien feilgeboten, und unter den Steinbögen schließlich sind die Kolonialwarenhändler zu Hause. Beim Bau der unauffälligen, mit feinen Ornamentfriesen und Schriftbändern im kufischen Stil verzierten **Djami at-Tut** 3 („Moschee des Maulbeerbaums") wurden einige Quader des römischen Triumphbogens wiederverwendet.

In der Gasse der Tuchhändler beschlagnahmten die muslimischen Stadtherren 1125 während der Belagerung Aleppos durch die Kreuzritter eine christliche Kirche und erklärten sie zur Medrese **Muqadamiye** 4. Damit ist sie die älteste theologische Schule der Stadt. In

1 Nationalmuseum
2 Bab Antakiye
3 Djami at-Tut
4 Muqadamiye
5 al-Bahramiye
6 Khan al-Gumruk
7 Khan an-Nahasin
8 Bimaristan al-Arghuni
9 Omayyadenmoschee
10 Hallawiye-Medrese
11 Suq as-Sagha
12 Khan as-Sabun
13 Khan al-Wazir
14 Khan ash-Shona
15 Khosrawiye-Moschee
16 Medrese al-Fardoz
17 Zitadelle
18 Hamam al-Yalbugha
19 Serail
20 Bait Ajiqbash
21 Bait al-Ghazale

der nächsten Quergasse lädt die frühosmanische Moschee und Medrese **al-Bahramiye** ❺ zur Besichtigung ein. Der ***Khan al-Gumruk** ❻ (1574) war mit 344 Geschäften, Stallungen und einer eigenen Moschee der größte unter den 22 Khanen Aleppos. Bis ins 19. Jh. residierten hier die Filialen der europäischen Bank- und Handelshäuser und die Konsuln Frankreichs, Englands und der Niederlande.

Seite 45

Der benachbarte **Khan an-Nahasin** ❼ war den Venezianern zugewiesen. Sein seit 1539 kaum veränderter Südflügel birgt heute eine exzellente Sammlung von Aleppiner Kunsthandwerk und Antiquitäten, die der erst kürzlich verstorbene Arzt, Historiker, Archäologe und belgische Honorarkonsul Adolphe Poche zusammentrug. Poches Urgroßvater hatte den Khan durch die Heirat mit der Tochter des letzten venezianischen Konsuls erworben. (Besichtigung nur Fr vormittag nach telefonischer Verabredung mit Mme. Poche, ☏ 21 57 12.)

Inschriften im Eingangsbereich des **Bimaristan al-Arghuni** ❽ (1354) verfluchen jeden, der das von einem mamlukischen Emir gestiftete Krankenhaus zweckentfremdet. Ob die Musiker, die hier gelegentlich auftreten, anschließend von der Gicht oder Schlimmerem befallen werden, weiß man nicht. Kranke beherbergt das Haus jedenfalls schon lange nicht mehr, und Pläne, ein medizingeschichtliches Museum einzurichten, wurden bisher nicht verwirklicht.

Die **Omayyadenmoschee** ❾ soll ihrem Damaszener Namensvetter an Glanz kaum nachgestanden haben. Mit Ausnahme des Minaretts wurde sie jedoch 1169 durch ein Feuer völlig zerstört und unter Nuraddin neu errichtet. Sehenswert ist vor allem der Minbar (die Kanzel) mit seinen in Ebenholz eingelegten Intarsien aus Elfenbein und farbigen Mineralien.

Ein auch von Christen verehrter Schrein im Betsaal birgt, so jedenfalls die Überzeugung der Gläubigen, das Haupt von Zacharias, dem Vater Johannes des Täufers. Vom Dach der Moschee bietet sich ein schöner Panoramablick über die Altstadt.

Das 45 m hohe ****Minarett** (1091) mit quadratischem Grundriß ist ein Meisterwerk seldschukischer Baukunst und gilt manchem Kunsthistoriker als das harmonischste Bauwerk des syrischen Mittelalters. Umlaufende Simse und kufische Schriftbänder gliedern die nach oben konisch zulaufende Fassade, die im überdachten Umgang des Muezzin endet.

Die Omayyadenmoschee wurde seinerzeit im Garten der Hauptkirche Aleppos errichtet, die ihrerseits auf der hellenistisch-römischen Agora erbaut war. Reste dieser der heiligen Helena geweihten Kirche haben als Iwan der **Hallawiye-Medrese** ❿ (1124) überlebt, eines arg vernachlässigten Komplexes gegenüber dem Westausgang der Omayyadenmoschee.

An der Ostseite der Omayyadenmoschee schließt sich der **Suq as-Sagha** ⓫ an, der Suq der Juweliere. In der islamischen Tradition gehören die Juweliere neben den Buchhändlern, die den Koran und andere religiöse Schriften vertreiben, zu den angesehensten Gewerben, denen ein Platz in unmittelbarer Nähe der Hauptmoschee gebührt. Im **Khan as-Sabun** ⓬ (Seifen-Khan) mit seiner reich verzierten Fassade wurde einst aus den Preßrückständen des Olivenöls hergestellte Seife gehandelt, der **Khan al-Wazir** ⓭ (1682) besticht mit seinem monumentalen Torbau und der streng geometrischen, schwarz-weißen Eingangsfront. Im **Khan ash-Shona** ⓮ bieten Kunsthandwerker erlesene Souvenirs feil.

Den Bau der osmanischen **Khosrawiye-Moschee** ⓯ (1537) überwachte der damals noch unbekannte geniale Baumeister Sinan (1491–1588), der später neben Meisterwerken in Istanbul und Edirne auch die Tekkiye-Moschee in Damaskus entwarf. Aus der der Moschee angegliederten Medrese entwickelte sich eines der angesehensten Gymnasien von Aleppo.

Die * **Medrese al-Fardoz** ⓰ („Paradies-Schule“, gebaut 1236) liegt einen guten Kilometer südlich der Zitadelle und schon außerhalb der Altstadt nahe dem mittelalterlichen Gräberfeld. Die schönste Moschee Aleppos wurde von Daifa Khatun, der Nichte und Schwiegertochter Saladins, gestiftet, die als Regentin (1216–1242) eine der herausragenden Frauen der arabischen Geschichte war. Der wohlproportionierte, mit einem zentralen Wasserbecken an einen Kreuzgang erinnernde Hof besticht durch seine klaren und schlichten Formen.

Doch zurück in die Stadt. Ein künstlicher Wassergraben umgibt die ** **Zitadelle** ⓱ (Qal'at, 🕓 tgl. außer Di 10–17 Uhr), Syriens mächtigsten moslemischen Wehrbau. Die von Natur aus steilen Flanken des etwa 50 m hohen Felsens sind mit glatten Steinen und Bastionen zusätzlich gesichert – die jüngst um den Eingang gepflanzten Bäume stören den abweisenden, ja furchteinflößenden Eindruck, den die Zitadelle nach außen vermitteln sollte. Unterirdische Speicher, Zisternen und ein noch unter das Niveau der Stadt herunterreichender Brunnen erlaubten es der Burgbesatzung, auch eine längere Belagerung wohlversorgt zu überstehen.

Der einzige Zugang führt durch ein Tor, dann auf einer von Arkaden gestützten Rampe über den Graben und anschließend durch einen mächtigen **Zwinger,** in dessen Schriftband der Mamlukensultan al-Ashraf Khalil (1290–93) der Nachwelt mitteilt, er habe die Restaurierung des Torbaus veranlaßt und sei als Sultan allenfalls mit Alexander zu vergleichen.

Ein Feind, der die aus Schießscharten auf ihn prasselnden Pfeile überwunden und sich unter dem aus Pechnasen gegossenen brennenden Naphtha hindurch an den Torbau herangearbeitet

Gläubige in der Omayyaden-moschee

Der Aufgang zur Zitadelle

Seite 45

hatte, mußte anschließend noch einen mehrfach abknickenden Korridor mit schweren Eisentoren überwinden, um bis in die Zitadelle vorzudringen. Angesichts dieser militärischen Raffinesse ist man erstaunt, wieviel Mühe die Festungsbaumeister zugleich auf die Ästhetik des Torbaus verwandten. Das Schriftband der streng geometrischen Fassade wurde schon angesprochen; Reliefs mit Tierdarstellungen zieren die Türstürze, und in der Gegenüberstellung eines lachenden und eines weinenden Löwen verspürt man sogar einen Anflug von Humor.

Seite 45

Abrahams Moschee (Makam Ibrahim al-Asfal), die kleinere der beiden Burgmoscheen und ursprünglich eine byzantinische Kapelle, steht genau dort, wo der Stammvater der Legende nach regelmäßig seine Herde melken ließ und die Milch an die Armen der Stadt verteilte („Halab", der arabische Name Aleppos, bedeutet auch: „Er hat gemolken!").

Über dem Torbau wurde der bombastische **Thronsaal** (15. Jh.) der letzten Mamlukenherrscher nachgebildet. Von der Cafeteria auf dem höchsten Punkt des Felsens lassen sich bei einem Glas Tee die kühle Brise und der herrliche Blick über die Stadt genießen.

Wem nach Basargetümmel, anstrengenden Besichtigungen und der Kletterei auf dem Burgberg der Sinn nach dem schweißtreibenden, doch wohltuend erfrischenden Vergnügen eines orientalischen Dampfbads steht, dem sei der **Hamam al-Yalbugha** ⓲ (14. Jh.) empfohlen (🕓 für Frauen Do u. Sa 8 bis 17 Uhr, sonst 8–2 Uhr für Männer). Aleppos schönstes Badehaus befindet sich am Fuß der Zitadelle gleich neben dem **Serail** ⓳, dem Rathaus im maurischen Stil der Mandatszeit, und ist anhand seiner schwarz-gelb gebänderten Fassade unschwer zu finden.

Das Christenviertel **al-Djedeide** („die kleine Neue") mit seinen ruhigen Straßen verdient einen gesonderten Rundgang. Die Gassen sind außergewöhnlich sauber, die Häuser gepflegt – eine Stadtwohnung in al-Djedeide zu besitzen, gilt als schick, und einige Nobellokale signalisieren, daß hier nicht die ärmsten Aleppiner zu Hause sind. Nach Möglichkeit werfe man einen Blick ins Innere der alten Bürgerhäuser. Dem *** Bait Ajiqbash** ⓴ (1757) fehlt der für muslimische Häuser so typische Haramlik (Frauentrakt). In der warmen Jahreszeit spielte sich das Leben der Familie im Hof ab, so daß jeder eintretende Gast auch die Frauen zu Gesicht bekam. Die mit aufwendigen Steinmetzarbeiten gestalteten Fassaden verraten auch europäische Einflüsse, und der große Bankettsaal ist mit einer schönen Kassettendecke verziert. Zu Recht wurde gerade in diesem Haus das *Museum für Volkskunde und traditionelles Handwerk* eingerichtet (🕓 tgl. außer Di 8–14 Uhr). Die Bewohner des nicht minder prächtigen **Bait al-Ghazale** ㉑ gönnten sich sogar einen Hamam im Haus – ein seinerzeit für Privatleute außergewöhnlicher Luxus. Das Haus wird gerade restauriert und soll später öffentlich zugänglich gemacht werden.

Praktische Hinweise

ℹ Gegenüber dem Nationalmuseum, Sh. Barun/Ecke al-Maari, ☎ (021) 22 13 20, 🕓 tgl. 9–17 Uhr, vermittelt auch Mietwagen.

Paßamt *(al-hidjra wa l-djawazat)*: Sh. al-Kawakibi, auf der Nordseite der Zitadelle im Haus mit der Uhr.

✈ Tgl. Flugverbindung nach Damaskus. Der Flughafen liegt etwa 7 km östlich der Stadt und ist außer mit den Zubringerbussen der Fluggesellschaften nur per Taxi zu erreichen.
🚆 Vom Bahnhof hinter dem Stadtpark gibt es Zugverbindungen nach Damaskus, Latakia, Deir ez-Zor und einmal die Woche auch nach Istanbul (36 Std.).
🚌 Die vier Terminals der Busse in die Türkei, der syrischen Intercity-Linien, der Regional- und Stadtbusse

befinden sich in unmittelbarer Nachbarschaft der Tourist-Information.

🏨 **Amir Palace,** Sh. al-Mutanabi, ☎ 21 48 00, 📠 21 57 00. Liegt als einziges Hotel der gehobenen Kategorie in Gehweite der Altstadt und läßt sich diesen Vorteil teuer bezahlen. ($))
Siyahi („Tourismus"), Sh. al-Djabri/Ecke Quwatli, ☎ 21 01 56, 📠 21 99 56. Bietet mit Klimaanlage, Fernsehen und heißem Wasser syrischen Mittelklassekomfort. ($)
Siyaha, Sh. Yarmuk, Bustan Kul Ab, ☎ 21 65 83. Trotz der wenig angesehenen Lage bei den Reifenhändlern nach dem „Baron" bestes Billighotel Aleppos. Reservierung empfohlen. ($)

Ⓡ **Sisi House,** Sahet al-Djedeide (neben dem Orient House). Der richtige Ort, die armenische Variante der Aleppiner Küche kennenzulernen – vertrauen Sie unbesorgt dem Menüvorschlag, zumal die Gerichte je nach „Marktlage" wechseln. ($))
Al-Andalib, Sh. Barun. Gutbürgerliches Lokal mit flottem Service samt Schuhputzern und Losverkäufern neben dem Baron-Hotel. ($))

Im Bait Ajiqbash

Im Suq von Aleppo gibt es viele schöne Dinge

Seite 45

Das * „Baron" – vom Hotel zur Legende

Auf Reisegruppen oder gar Prominente muß das Hotel, in dem sich einst Staatsmänner (Theodore Roosevelt, Kemal Atatürk, Hafiz al-Assad), Schriftstellerinnen (Agatha Christie, Freya Stark), Abenteurer (Charles Lindbergh, Lawrence von Arabien) und berühmte Spione (Kim Philby) die Klinke in die Hand gaben, heute verzichten. Nur Individualtouristen mit Sinn für Nostalgie betten ihr Haupt auf durchgelegene Matratzen. Immerhin: Die Zimmer sind sauber, das (auch heiße!) Wasser fließt, und die notwendigste Instandhaltung wird gemacht. Seit der Verstaatlichung leidet das 1909 eröffnete Haus an chronischem Geldmangel, und so betrachte man das einst eleganteste Hotel Syriens heute besser als eine skurrile Sehenswürdigkeit. Stets gut gefüllt mit Alkoholika aller Art sind allerdings noch die Regale der Bar, und im Sommer empfiehlt sich ein Abend auf der Terrasse, wo Agatha Christie den „Mord im Orientexpreß" schrieb und von der die illustren Gäste Flugenten zu schießen pflegten (statt an einer lärmenden Straße lag das Baron damals gegenüber von Sümpfen und Feuchtwiesen). Manager Armen Mazloumian, der Enkel des armenischen Hotelgründers, weiß bei einem Drink oder einem *Shams*, dem in Aleppo gebrauten Bier, spannende und unterhaltsame Episoden aus der Geschichte des Hauses und der eher traurigen Historie seines Volkes zu erzählen. Aleppo und Nordsyrien kennt er wie seine Westentasche.

*** Palmyra (Tadmur)

Die Stadt der tausend Säulen

Was in der einsamen Wüste drei Autostunden östlich von Homs zunächst als ein weiteres Trugbild erscheint, das die vor Hitze flimmernde Mittagsluft den Reisenden vorgaukelt, will diesmal nicht mit fortschreitender Annäherung in immer weitere Ferne verschwinden. Der üppige Palmenhain mit seinen pittoresken Tempelmauern und Kolonnaden ist keine Fata Morgana und kein Traum, sondern die Oase Tadmur mit den Ruinen von Palmyra – monumentale Bauwerke, die sich die arabischen Schriftsteller des Mittelalters nur als das übermenschliche Werk von Dämonen zu erklären vermochten. Palmyra zählt zu den beeindruckendsten antiken Ruinenstätten überhaupt.

Am Rande einer Auffaltung der sonst völlig flachen Wüste spenden wasserführende Schichten ihr sonst in der Tiefe verborgenes Naß der Erde. Die Quelle Afqa ermöglichte den Karawanen zwischen dem Zweistromland und Palästina seit grauer Vorzeit, den direkten Weg durch die Wüste einzuschlagen. Und wer Tadmur, die „Stadt der Datteln", beherrschte und den Handelsweg vor räuberischen Wüstensöhnen zu sichern vermochte, der wurde reich.

Geschichte

Als die Römer nach Syrien vordrangen, bestand Tadmurs Bevölkerung je zur Hälfte aus Aramäern und zugewanderten Nabatäern. Tadmur wurde zu Beginn der Regierungszeit des Kaisers Tiberius (14–37 n. Chr.) den Römern tributpflichtig, die es fortan Palmyra („Stadt der Palmen") nannten. Mit seinen guten Beziehungen zu den Parthern, die im Osten von Mesopotamien bis an den Oxus ein Rom ebenbürtiges Reich aufgebaut hatten, gelang es Palmyra, sich ein hohes Maß an Unabhängigkeit zu bewahren und als Puffer, Vermittler zwischen den Weltmächten und vor allem als Händler zu agieren.

Im 2. und 3. Jh. n. Chr. dehnte die Stadt ihre Handelsbeziehungen immer weiter aus. Palmyrenische Karawanen wagten sich bis ins ferne China, palmyrenische Schiffe übernahmen an der Mündung des Euphrat das für Rom bestimmte Elfenbein sowie indische Gewürze.

Mit der Ablösung der Parther durch die Sassaniden geriet dieses strategische Gleichgewicht jedoch ins Wanken: 260 stießen die Sassaniden bis nach Antiochia vor, schlugen das römische Heer und nahmen den greisen Kaiser Valerian gefangen, unterlagen auf dem Rückweg nach Mesopotamien aber ihrerseits den Truppen des palmyrenischen Fürsten Odainat. Der daraufhin von den Römern hoch dekorierte Odainat, der sich über alle Ehrungen hinaus noch selbst den Titel „König der Könige" zulegte, wurde 267 vermutlich auf Anstiftung seiner Frau Zenobia ermordet. Zenobia versuchte, den Anspruch ihres Gatten in die Tat umzusetzen. Ziel der aus einer arabischen Nomadensippe stammenden Frau, die sich „Augusta" (Kaiserin) nannte, war ein selbständiges Ostreich von Ägypten über Syrien bis nach Konstantinopel. Historiker sahen in ihr eine Nachfolgerin Kleopatras. Doch sie scheiterte. Es gelang ihr nicht, ihre militärischen Erfolge – palmyrenische Heere stießen 271 bis an den Nil und ins Herz Anatoliens vor – auf dem diplomatischen Parkett abzusichern. Und in Palmyra selbst standen die alteingesessenen Kaufleute den Großmachtgelüsten der Herrscherin skeptisch gegenüber. Als der römische Kaiser Aurelian zum Gegenschlag ausholte, ließen alle Nachbarn und Verbündeten Palmyras die Wüstenkaiserin im Stich. Im Sommer 272 gab Kaiser Aurelian die einst 200 000 Einwohner zählende Oase seinen Truppen zum Plündern und Brandschatzen preis.

Stadtbesichtigung

Der Ablauf des Rundgangs richtet sich nach den für die einzelnen Besichtigungspunkte besten Lichtverhältnissen. Man beginnt am frühen Morgen mit der Kolonnadenstraße sowie dem angrenzenden Bezirk und schließt den Besuch der Nekropole und des Baal-Tempels an. Der Mittagshitze entgeht man am besten im Museum und läßt den Tag dann auf der Burg mit dem Genuß des Sonnenuntergangs ausklingen.

Heute betritt man durch das **Hadrianstor** [A] den restaurierten Teil der zu

Palmyra: ein Teil des Ruinengeländes

Seite 53

Zenobia und der Weihnachtstag

Als in Palmyra die Kunde eintraf, daß die auf einem Kamel flüchtende Zenobia bei der Überquerung des Euphrat von römischen Reitern gefaßt worden war, öffneten die Handelsgeschlechter der Stadt dem römischen Heer die Tore. Kaiser Aurelian ließ den Staatsschatz abtransportieren und die führenden Ratgeber der Zenobia hinrichten, darunter den Neuplatoniker Longinos, der sein Amt an der Athener Akademie aufgegeben hatte und einem Ruf nach Palmyra gefolgt war – er galt als der geistige Anstifter von Zenobias Großmachtgelüsten. Erst nach einer erneuten Rebellion, bei der die von Aurelian in Palmyra zurückgelassenen Bogenschützen niedergemetzelt wurden, ließ der Kaiser die Oasenstadt zerstören. Seinen Sieg über Zenobia schrieb Aurelian der Hilfe des in Homs als Sonnengott verehrten Baal zu und erhob dessen Kult zur Staatsreligion. Der Geburtstag des Gottes am 25. Dezember wurde zum höchsten Feiertag erklärt – die Christen behielten später das Datum des Festes bei und machten daraus Weihnachten.

Über das weitere Schicksal Zenobias gibt es widersprüchliche Nachrichten. Nach dem griechischen Historiker Zosimos soll sie sich auf dem Weg nach Rom umgebracht haben; nach anderen Quellen wurde sie von Aurelian als seine vornehmste Beute in goldene Ketten gelegt und auf dem Triumphzug durch Rom präsentiert, anschließend in eine Villa in Tivoli bis an ihr Lebensende unter Hausarrest gestellt. Senatoren, die sich darüber mokierten, daß der Sieg über eine Frau nun wahrlich keine Ruhmestat sei, soll der Kaiser gelassen geantwortet haben: „Wenn Ihr nur wüßtet, was für eine Frau ich besiegt habe!"

Wie es sich auch zugetragen hat, Leben und Sterben der Zenobia, der „syrischen Kleopatra", hätten so auch in Hollywood ersonnen werden können.

Beginn des 3. Jhs. errichteten Prachtstraße Palmyras. Mit einem V-förmigen Grundriß kaschiert das Tor geschickt einen Knick in der ursprünglich vom Baal-Tempel kommenden Hauptachse der antiken Stadt.

Seite 53

Die * **Kolonnadenstraße** wird von zwei Reihen 9,50 m hoher Säulen aus Kalkstein flankiert, die das schattenspendende Dachgebälk der „Bürgersteige" trugen. Hier lagen die wichtigsten öffentlichen Gebäude: gleich rechts nach dem Tor das **Nymphäum** [B], ein repräsentatives Brunnenhaus, gegenüber der Tempel des babylonischen Gottes **Nabo** [C], bei dessen Ausgrabung eine Fülle von Tafeln in aramäischer Sprache und Schrift zutage kamen.

Vier aus der Straßenflucht hervortretende Granitsäulen zeigen die **Thermen des Diokletian** [D] an. Vor der Bühnenwand des teilweise rekonstruierten **Theaters** [E] werden heute gelegentlich Konzert- und Folkloreaufführungen dargeboten.

Neben dem Theater führt eine Stichstraße an Geschäften vorbei zum **Haus des Senats** [F] und zur **Agora** [G], dem 84 x 71 m großen Marktplatz. Die den Platz umgebenden Säulenhallen sind nur noch als Stümpfe erhalten. Entlang der Kolonnadenstraße und auch hier waren Konsolen in die Säulen eingelassen, auf denen einst Statuen der führenden Persönlichkeiten Palmyras thronten – außer Senatoren, Beamten und Militärs auch Karawanenführer.

Auf ihrer Südseite stößt die Agora an die **Mauer der Zenobia** [H], einen von der Kaiserin unmittelbar vor der römischen Belagerung in aller Eile neu befestigten Abschnitt der Stadtmauer. Wahrscheinlich wurde der Markt bewußt hier am Rande der Stadt plaziert, um den Bauern und Nomaden mit ihren Ladungen einen bequemen Zugang zu ermöglichen. Bevor die Waren jedoch auf den Markt kamen, wurden sie in dem auf der Ostseite angrenzenden **Zollhof** [I] geschätzt und versteuert.

Am **Tetrapylon** [J] kreuzten sich die beiden Hauptstraßen Palmyras. Nur eine der auf vier quadratischen Postamenten plazierten Säulen ist noch im Original erhalten, die übrigen wurden aus Beton nachgebildet – und bröckeln bereits wieder. In der Mitte eines jeden Postaments stand eine Statue. Die nordöstliche Straßenachse verläuft direkt auf den **Tempel des Baal Shamin** [K], des „Herrn der Himmel und Beherrschers von Sonne und Mond", der als ursprünglich phönizische Gottheit ein Fremdkörper in der sonst mesopotamischen Götterwelt Palmyras ist. Sein Tempel wurde im 4. Jh. in eine christliche Basilika umgewandelt.

Die im Tetrapylon abermals um einige Grad abknickende Kolonnadenstraße zielt auf die wieder aufgerichtete Vorhalle des **Grabtempels 84** [L] und biegt hier, jetzt Damaszener Straße genannt, im rechten Winkel nach Süden zum **Damaszener Tor** [M], durch das der alte Karawanenweg nach Homs die Stadt verließ. Am Hang auf der linken Seite der Damaszener Straße befindet sich das **Heerlager Diokletians** [N], von dessen höchstem Punkt, dem Fahnenheiligtum, sich ein schöner Blick über die antike Stadt bietet. Polnische Archäologen entdeckten hier den Tempel der Göttin al-Lat, die in vorislamischer Zeit in Mekka zu Hause war und in Palmyra von den arabischen Beduinen und Mitgliedern durchreisender Karawanen verehrt wurde.

Im Wadi vor der Stadt erstreckt sich die ausgedehnte * **Nekropole** Palmyras, die zu erwandern am frühen, noch kühlen Morgen ein schönes Naturerlebnis und Begegnungen mit den Beduinen verspricht, die ihre Ziegen zur Tränke führen. Die am besten erhaltenen Grabtürme sind jedoch verschlossen. Wer diese Gräber auch von innen sehen und nicht auf eine zufällig vorbeikommende Reisegruppe warten will, muß einen Führer mieten. Diese warten mit ihren dreirädrigen Mopedtaxis („Draisina") vor dem Museum auf Kundschaft.

Kunsthistoriker bewerten die seit dem 1. Jh. v. Chr. errichteten *Grabtürme* als Ausdruck einer eigenständigen palmyrenischen Kultur, die sich aus dem griechisch-iranischen Erbe des Alexanderreichs entwickelt habe. In den quadratischen, äußerlich schlichten Türmen wurden auf mehreren Etagen in nach Art einer Schließfachanlage angeordneten Grabnischen bis zu 200 Familienmitglieder bestattet. Die Verschlußplatten der Nischen trugen Halbreliefs mit den Porträts der Beigesetzten.

Später paßten die Palmyrener ihre Grabstätten syrisch-griechischen Vorbildern an. Die Toten wurden jetzt in *Hypogäen* begraben, unterirdischen Grabhäusern, deren Hallen mit prächtigen Skulpturen, Fresken und Kassettendecken geschmückt waren. Die vornehmste dieser Anlagen, das Grab des Yarhai, wurde von den Archäologen demontiert und ins Nationalmuseum von Damaskus gebracht. Vor Ort verblieb das ***Hypogäum der drei Brüder** [O], dessen 390 Grabschächte von den geschäftstüchtigen Bauherren abschnittsweise an verschiedene Familien

A Hadrianstor
B Nymphäum
C Nabo-Tempel
D Thermen des Diokletian
E Theater
F Haus des Senats
G Agora
H Mauer der Zenobia
I Zollhof
J Tetrapylon
K Tempel des Baal Shamin
L Grabtempel 84
M Damaszener Tor
N Heerlager Diokletians
O Hypogäum der drei Brüder
P Afqa-Quelle
Q Baal-Tempel
R Archäologisches Museum
S Folkloremuseum
T Qal'at Ibn Ma'an

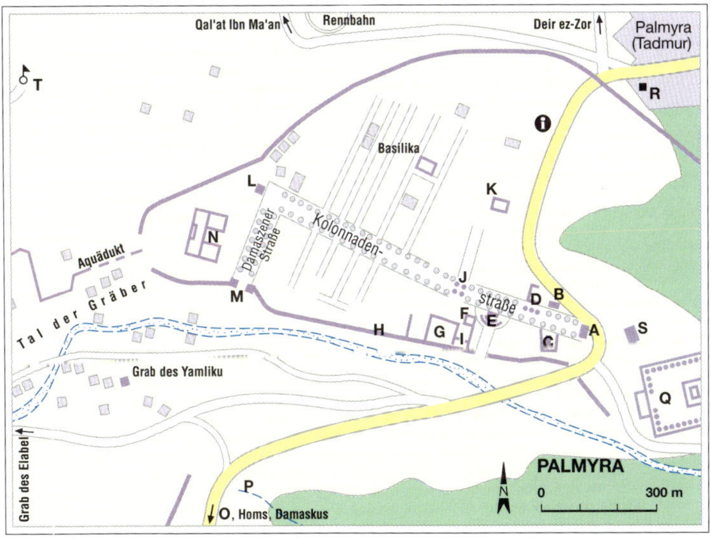

verkauft wurden. In der Spätzeit Palmyras kamen schließlich *Grabtempel* in Mode, von denen wir den Grabtempel 84 bereits am Ende der Kolonnadenstraße kennengelernt haben.

Seite 53

Bis vor wenigen Jahren hätte man jedem Besucher noch einen Abstecher zur **Afqa-Quelle** [P] empfehlen können. Moderne Tiefbrunnen haben der früheren Lebensader Palmyras jedoch das Wasser abgegraben, so daß die inzwischen ausgetrocknete Felsspalte einen eher kläglichen Anblick bietet. Ohne den Einsatz von Motorpumpen wären die Gärten der Oase mit ihren Feigen, Granatäpfeln, Dattelpalmen und vor allem Olivenbäumen längst verdorrt.

Der majestätische **** Baal-Tempel** [Q] (32 n. Chr.) erhebt sich auf einem Hügel aus Zivilisationsschutt älterer Siedlungen und ist das bedeutendste Denkmal der Oase. Bei Sondiergrabungen wurden 1995 im Hof die Säulenbasen eines Vorgängerbaus entdeckt, und ergrabene Tonscherben reichen sogar bis ins 2. Jahrtausend zurück. Verblichene Wandbilder in der Cella belegen, daß das Allerheiligste mit der Christianisierung zu einer Kirche umgestaltet wurde.

Wiederum einige Jahrhunderte später befestigten die moslemischen Eroberer den heiligen Bezirk zu einem Kastell und erklärten die Kirche zur Moschee. Schließlich nahmen die Bauern Tadmurs den Tempel samt Hof in Beschlag, bis sie 1929 aus ihren Lehmhütten vertrieben und in der neuen Stadt außerhalb der archäologischen Zone angesiedelt wurden.

Der eigentliche Tempel verliert sich fast inmitten eines etwa 200 x 200 m großen, von Säulenhallen umgebenen Hofs. Einst war die Cella des Tempels auf allen vier Seiten von Säulen umgeben, doch von dieser Ringhalle haben nur einige wenige auf der östlichen Seite die Zeit überdauert. Die Anlage war mehreren Göttern geweiht. In der rechten Kultnische der Cella thronte die Statue des Baal, in der linken die Statuen des Mondgottes Aglibol und des Sonnengottes Iarhibol. An der reich

Wie Europa Palmyra entdeckte...

Dem ersten Europäer, der 1192 das nachrömische Palmyra besuchte und einen Bericht von seiner Reise überlieferte, waren die Ruinen noch keine Zeile wert. Rabbi Benjamin aus Navarra, einer gerade den Muslimen entrissenen Landschaft im Norden Spaniens, erforschte das Schicksal seiner von den Kreuzrittern aus Palästina vertriebenen Glaubensbrüder. 2000 Juden lebten damals in Tadmur.

Erst die englischen Kaufleute, die im 16. und 17. Jh. ein Kontor in Aleppo führten, handelten Palmyra als einen Geheimtip für ihre archäologisch interessierten Gäste. 1721 schließlich weckte der österreichische Barockbaumeister Fischer von Erlach mit einer Serie von Kupferstichen mit Motiven aus Palmyra die Neugier der europäischen Öffentlichkeit. Fortan pilgerten Entdecker und Abenteurer in die syrische Wüste, um die majestätischen Ruinen leibhaftig erleben zu können.

An den Besuch der exzentrischen Lady Hester Stanhope, die 1806 dem goldenen Käfig der englischen High Society entfloh und sich im Libanon niederließ, wurden Palmyra-Touristen noch Jahre später auf unangenehme Weise erinnert: Der örtliche Scheich präsentierte jedem Gast ein von Hester Stanhope unterzeichnetes Papier, das die Beduinen autorisierte, von jedem Besucher Palmyras ein „Eintrittsgeld" von 1000 Piastern einzuziehen – so mancher soll angesichts dieser exorbitanten Summe auf die Besichtigung verzichtet haben.

Seite 53

verzierten Decke dieser Nische erkennt man ein Relief mit Sonne, Mond und den fünf damals bekannten Planeten, von denen Jupiter mit Baal gleichgesetzt wurde. Eine Szene auf dem herabgestürzten, vor dem Eingang plazierten Sims der Cella zeigt, wie der von einem Kamel getragene Schrein mit der Baal-Statue an den andächtigen Gläubigen vorbeigeführt wird. Dem Zug folgt eine Gruppe von Kopf bis Fuß verhüllter Frauen, die von frommen Moslems gern als Beweis dafür angeführt wird, daß die Verschleierung schon in vorislamischer Zeit verbreitet war. Andere Reliefs und Statuen im Museum zeigen freilich ein differenzierteres Bild: Offenbar war der Vollschleier ein Ausdruck höchster Demut im religiösen Ritual. Im Alltag erschienen die Frauen jedoch unverhüllt, und nur in den Totenszenen ziehen sie ihre Kopfbedeckung halb über das Gesicht. ⌚ Mai bis Sept. tgl. 8–13, 16–18 Uhr, Winter und Ramadan tgl. 8–13, 14–16 Uhr.

An der Kolonnadenstraße – die Säulen trugen einst ein schattenspendendes Dachgebälk

Im Eingangsbereich des ***Archäologischen Museums** [R] begrüßt den Besucher eine knapp bekleidete Familie lebensgroßer Steinzeitpuppen, die eher in ein Wachsfigurenkabinett oder in die Skurrilitätenshow eines Rummelplatzes gehörte. Doch keine Angst: Beim weiteren Rundgang zeigt sich das Museum als durchaus ernsthaft. Vorbei an allerlei Kleinfunden und provinziellen Statuen (Schema: die Kopie der Kopie eines Stückes aus der Werkstatt des Praxiteles) arbeitet man sich zur Galerie der Grabreliefs vor, die für manche museale Belanglosigkeit mehr als entschädigt.

Eine Augenweide ist das Theater

Die aus den Verschlußplatten der Gräber gearbeiteten Halbreliefs zeigen die Verstorbenen zugleich realistisch wie idealisiert: Die Gestalten haben durchweg individuelle Gesichtszüge, doch erscheint jede(r) Tote im besten Alter,

Rekonstruiert und schon wieder baufällig: das Tetrapylon

Seite 53

als ob man ihm oder ihr im Jenseits ewige Jugend wünschte oder sie wenigstens so in Erinnerung behalten mochte. Die bei allen Figuren gleiche Haltung und ein eigentümlich starrer Blick, der nicht dem mangelnden Geschick der Künstler zuzuschreiben, sondern wohl durchaus beabsichtigt ist, läßt die Toten ungeachtet ihrer Jugend leblos und entrückt, eben nicht mehr von dieser Welt erscheinen. Einzelne Grabplatten sprengen das Schema und zeigen den Toten in seinem Beruf: Ein Karawanenführer wird mit Kamel dargestellt, ein anderer, ob Kapitän oder Kaufmann, mit einem detailgetreuen Segelschiff. Erst am Ende des Rundgangs läßt sich dann wieder über Geschmack und Pietät streiten: Wer würde, wenn die Stunde geschlagen hat, seinen Körper samt schlechtem Gebiß nicht lieber unter der Erde wissen denn als angemoderte Mumie in der Vitrine eines Museums den Gaffern ausgesetzt? ⌚ Mai bis Sept. tgl. außer Di 8–13, 16–18 Uhr, im Winter u. Ramadan 8–13, 14–16 Uhr.

Das **Folkloremuseum** [S] wurde 1992 in der früheren Residenz des osmanischen Gouverneurs eingerichtet. Wer die Wüstensöhne nicht schon im Tal der Gräber kennengelernt hat, kann hier einen Blick in ein Beduinenzelt werfen. Lebensgroße männliche Puppen sitzen bei der Kaffeezeremonie, andere, weibliche Puppen sind mit der Hausarbeit beschäftigt, auch ein lebensgroßes Kamel ist vertreten. Ein Raum ist als Werkstatt eines Schuhmachers eingerichtet. Auch im Suq von Tadmur findet man noch einen Schuhmacher – wer weiß, wie lange noch, denn das Handwerk stirbt aus. ⌚ tgl. außer Di 8–14.30 Uhr.

Ein Besuch der ***Qal'at Ibn Ma'an** [T] läßt die Besichtigung Palmyras stimmungsvoll ausklingen. Die Festung thront auf einem Hügel 2 km nordwestlich der Oase und erhielt unter Emir Fakhr ad-Din II. (1585–1635) aus dem drusischen Geschlecht Ma'ani ihren letzten Schliff, reicht aber wohl bis ins 12. Jh. zurück. Seine Gegner beschrieben Fakhr ad-Din als außergewöhnlich kleinwüchsig. Ein rohes Ei, so wurde kolportiert, könne dem Emir ohne weiteres aus der Tasche fallen, ohne beim Aufprall am Boden zu zerschellen.

Von seinem Stammsitz im Libanon, wo sein Fürstentum heute als Vorläufer des libanesischen Nationalstaats gefeiert wird, brachte Fakhr ad-Din weite Teile Syriens und Palästinas unter seine Kontrolle, bis er den Osmanen zu gefährlich schien und in Konstantinopel geköpft wurde. Über die Maroniten hatte er Kontakte nach Europa geknüpft und dort, 300 Jahre nach dem letzten Kreuzzug, den Traum eines wieder christlichen Jerusalems genährt.

Praktische Hinweise

ℹ ein kleines Büro an der Hauptstraße zwischen Baal-Tempel und Museum, ⌚ tgl. außer Fr 9–17 Uhr.

🚌 Busverbindungen vom Hauptplatz nach Deir ez-Zor, Homs und Damaskus. Den innerörtlichen Transport besorgen lustige Dreiradmopeds („Draisina").

Ⓗ **Cham Palace,** ☎ (031) 91 22 45 📠 91 22 30, an der Hauptstraße. Ein überdimensionierter und gewöhnlich halbleerer Betonpalast. $$$
Zenobia, ☎ 91 01 07, 📠 91 24 07. Das Haus der Kolonialzeit, auf dessen Terrasse schon Agatha Christie die Abende verbrachte, hat seine stimmungsvolle Atmosphäre bis in unsere Tage bewahrt. Alle Zimmer sind grundlegend renoviert und mit zeitgemäßen Sanitäranlagen ausgestattet. $$
New Tourist, an der Hauptstraße im Zentrum. Eine einfache, doch saubere Herberge mit spannendem Gästebuch, das es mit manchem Reiseführer aufnehmen kann. $

Ⓡ **Tourist,** gegenüber dem Archäologischen Museum. Ein Gartenlokal mit viel Grün, Brunnengeplätscher und guter Küche zu moderaten Preisen. $

Route 1

1

Seite 59

Golan, Hauran und der Berg der Drusen

Damaskus – Qunaitra – ** Ezra' – Der'a – ** Bosra – * Suweida' – * Qanawat – 'Atil – * Shahba – Damaskus (ca. 300 km, 2–3 Tage)

Imposant: die Festung Qal'at Ibn Ma'an

Fruchtbare Vulkanerde und die Schmelzwasser des schneebedeckten Hermon-Massivs (2814 m) und des Djebel al-Arab (1825 m) machen den Hauran zu einer Kornkammer Syriens. Beste Reisezeit für diese Tour ist das Frühjahr, wenn das erst zarte und dann satte Grün der Landschaft allmählich in das Gelb reifenden Getreides übergeht.

Thematisch steht der Ausflug auf das Basaltplateau zwischen Damaskus und der jordanischen Grenze ganz im Zeichen der römischen und frühchristlichen Epoche. So ist die Georgskirche von Ezra' das am besten erhaltene christliche Gotteshaus im Süden Syriens und Bosra eines der größten Freilichtmuseen des Landes. Aus düsteren Basaltquadern gefügte Ruinen und vor allem das prächtige, später zu einer Festung ausgebaute Theater sind hier steinerne Zeugen jener Tage, da das Dorf Hauptstadt des sagenhaften Nabatäerreiches und der römischen Provinz Arabia war.

Das schneebedeckte Hermon-Massiv

Am Djebel al-Arab

Wer sich auch für die jüngere Geschichte interessiert und besser verstehen will, warum viele Syrer dem Staat Israel mit Mißtrauen, wenn nicht blankem Haß begegnen, der beginnt den Ausflug mit einem Abstecher nach **Qunaitra.** Die frühere Be-

1
Seite 59

zirkshauptstadt des seit 1967 teilweise von Israel besetzten Golan liegt direkt an der Demarkationslinie und ist deshalb nur mit einer Sondergenehmigung zu besuchen, die das zuständige Büro des Sicherheitsdienstes (Damaskus, in der Straße direkt über dem Al Malki-Platz) interessierten Ausländern aber bereitwillig und unbürokratisch erteilt. Kein Wunder, gilt das verlassene und zerstörte Qunaitra doch als Symbol der nach syrischer Auffassung „zionistischen Aggression". Bevor die Israelis sich im Zuge der von Henry Kissinger vermittelten Truppenentflechtung, die eine von Blauhelmen kontrollierte Pufferzone zwischen den feindlichen Armeen einrichtete, aus Qunaitra zurückzogen, evakuierten sie die noch verbliebenen Bewohner, demontierten vom Fensterglas bis zum Lichtschalter alles, was nicht niet- und nagelfest war, und walzten die ausgeweideten Häuser schließlich mit Panzern und Bulldozern nieder.

Am Kontrollposten, über den die durch die Demarkationslinie getrennten Drusen gelegentlich ihre Verwandten auf der jeweils anderen Seite besuchen dürfen, stehen syrische Offiziere den seltenen Fremden gerne Rede und Antwort und fordern sogar großzügig zum Fotografieren der mit Militäreinrichtungen gespickten Landschaft auf – allerdings nur zur israelischen Seite hin.

Doch zurück zu Erfreulicherem. In **Ezra'** (auf alten Karten noch: Zor'ah) überstand mit der ** *Georgskirche* (Kanise al-Khidr, 515) ein frühes Beispiel für den orientalischen Kirchentyp des Zentralbaus den Wechsel der Zeiten. Man mag kaum glauben, daß die unscheinbare Kleinstadt im Schatten eines gewaltigen Zementwerks einst ein bedeutender Bischofssitz war. In den quadratischen Grundriß der Außenmauern des griechisch-orthodoxen Gotteshauses hat man die Innenmauern als Oktogon eingeschrieben. Auch die Pfeiler, auf denen die Kuppel ruht, wurden im Achteck angeordnet. Dieser 1912 erneuerte Dom erinnert mit seiner bienenkorbartigen Form an nordsyrische Bauernhäuser. Über das jüngst aufgesetzte Glockentürmchen aus nacktem Beton sehe man höflich hinweg.

Die Reliquien des Heiligen ruhen im östlich angebauten Chor; im Raum nebenan entdeckten Jugendliche im Frühjahr 1996 bei Aufräumungsarbeiten den Leichnam eines Priesters oder Bischofs, und es sollte nicht wundern, wenn in Ezra' bald ein neuer Lokalheiliger verehrt würde.

Das schon in der Bibel erwähnte **Der'a,** heute Hauptstadt der Provinz Hauran und Grenzort zu Jordanien, kam als Schauplatz in T. E. Lawrences vorgeblich autobiographischem Roman *Die sieben Säulen der Weisheit* zu literarischer Berühmtheit.

Ⓗ **Ar-Riyada as-Siyahi,** an der Straße nach Damaskus, ☎ (015) 22 14 17, nur arabisch beschriftet. Die beste Wahl am Ort. Ⓢ

Dem realen Der'a fehlen besondere Sehenswürdigkeiten und Flair. Unter den Einheimischen wird der nahe **Buhairet Mzairib,** immerhin Syriens zweitgrößter natürlicher See, als Naturwunder gehandelt. Vor Ort entpuppt er sich als ein bescheidener Weiher, an dessen Gestade freilich allerlei Vögel leben und ein Restaurant zum Verweilen einlädt.

Eindrucksvoller sind die Wasserfälle von **Tell Shahab** und **Tell Zaizun,** wo sich Nebenflüsse des Yarmuk über Felsschwellen in das tief eingeschnittene Haupttal hinabstürzen, in dem sich die seit 50 Jahren stillgelegte Bahnlinie von Der'a nach Haifa schlängelt: eine vergessene Landschaft mit ärmlichen Dörfern, die von den Staatsgrenzen ins Abseits gestellt wurden.

Ganz anders präsentiert sich ** **Bosra,** die von der UNESCO zum Weltkulturerbe geadelte frühere Hauptstadt des Nabatäerreichs und der römischen Provinz Arabia. Der ganze Ort ist ein einziges Denkmal, das seinen Reiz auch

Seite 59

daraus bezieht, daß die archäologische Stätte noch immer bewohnt ist – allerdings planen die Behörden die Umsiedlung der Menschen in ein Neubauviertel.

Das vollständig erhaltene römische ****** *Theater* (🕓 Sommer tgl. 10–18, Winter tgl. 9–16 Uhr), das 15 000 Zuschauer faßt und alle zwei Jahre Schauplatz eines großen Festivals ist, verdankt seinen guten Zustand den Arabern, die es nach der Eroberung Bosras in eine Festung verwandelten. Noch um die Jahrhundertwende sammelten die Bauern hier jeden Abend ihre Herden, um sie vor den Raubzügen der Beduinen zu schützen. Die Rückwand des Bühnenhauses war zugleich Teil der mit Steinen aus benachbarten Ruinen verstärkten Außenmauer des Forts. Die unteren Sitzreihen sowie die Bühne überlebten unter den Wehranlagen und dem Zivilisationsschutt der Jahrhunderte.

In den einst von den Seldschuken und Ayyubiden an das Theater angefügten Wehrturmen wurde ein *Volkskundemuseum* eingerichtet und eine kleine *archäologische Sammlung* aufgebaut.

Von der Nordwestecke des Theaters führt eine Kolonnadenstraße zum *Bab Qandil*, dem Triumphbogen zu Ehren der in Bosra stationierten Legion, und trifft hier auf die römische Hauptstraße *(Decumanus)*. Diese durchquert die Stadt vom Nabatäischen Tor bis zum Westtor *(Bab al-Hawa)* und war auf beiden Seiten von Säulen gesäumt, die das schattenspendende Dach über den Fußgängerwegen trugen.

Unmittelbar vor der vom Bab Qandil aus gesehen nächsten Kreuzung im Westen erspäht man rechts neben der Straße den Eingang zu einer unterirdischen Halle *(Kryptoportikus)*. Durch Schächte dringt vom Straßenrand etwas Licht in die Tiefe und beleuchtet notdürftig ein 100 m langes Gewölbe, in dem die für die Ausfuhr bestimmten Waren, vor allem Korn, gelagert wurden.

Wasserfall bei Der'a

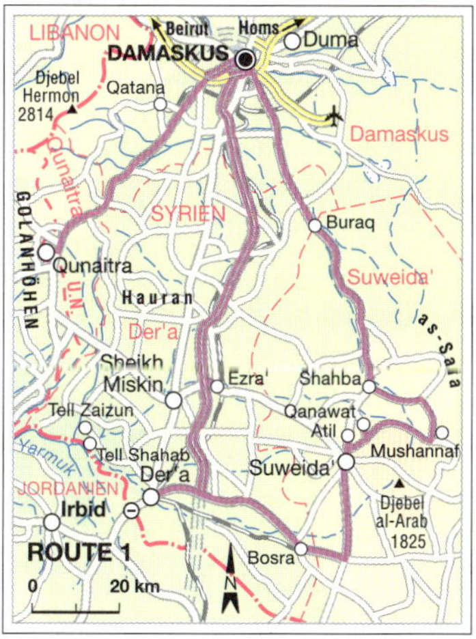

1

Seite 59

An der wieder vom Bab Qandil aus betrachtet nächsten Kreuzung im Osten wurden die vier Säulen des *Nymphäums* neu aufgerichtet. Nur die wenigsten Häuser verfügten über einen eigenen Wasseranschluß, und mit dem täglichen Gang der „kleinen Leute" und Haussklaven zum öffentlichen Brunnen war dieser zugleich ein Treffpunkt der Unterschicht.

An der gleichen Kreuzung befinden sich die *Thermen* und die *Kalybé*, ein nur aus dem Hauran bekanntes Heiligtum, über dessen Kult und Bedeutung auch die Experten bisher im dunkeln tappen.

Wie der Name besagt, stammt das *Nabatäische Tor* am Ostende des Decumanus noch aus der nabatäischen Ära Bosras (vor 106 v. Chr.). Einige Archäologen vermuten, daß das Tor ursprünglich den Eingang eines Tempelbezirks bildete. Auch über den *Palast* südlich des Tores sind sich die Forscher uneins: Residierte hier wirklich der römische Statthalter? Noch etwas weiter südlich stößt man auf die 120 x 150 m große offene *Zisterne*, die noch lange die Pilgerkarawanen, die auf ihrem Weg von Damaskus nach Mekka zehn Tage in Bosra rasteten, versorgte.

Nördlich des Tores kann man die Reste zweier sehenswerter Kirchen besichtigen. Von der *Kathedrale* (511), die auf Skizzen aus dem letzten Jahrhundert noch leidlich intakt erscheint, steht heute nur noch die Westmauer mit dem Chor. Ähnlich wie St. Georg in Ezra' bestand die Kirche aus einem rechteckigen Zentralbau mit einer „Bienenkorbkuppel" von 24 m Durchmesser – seinerzeit mit die größte Kirchenkuppel des Orients.

Mit der Kathedrale nicht zu verwechseln ist die *Basilika* Bosras, eine vorchristliche Markt- und Versammlungshalle, die erst später zum Gotteshaus umfunktioniert wurde. Die Araber nennen sie Deir al-Bahira (Kloster des Bahira). Einer Überlieferung zufolge erkannte der Mönch Bahira als erster an dem jungen, mit einer Karawane seines Stammes durch Bosra ziehenden Mohammed die Male des kommenden Propheten und weissagte Mohammeds Onkel Abu Talib die große Zukunft seines Neffen.

Der *Cardo maximus*, Bosras zweite Hauptachse, führt vom Nymphäum am Marktplatz *(Agora)* vorbei bis ans Haupttor des antiken *Militärlagers*. Die 5000 Soldaten der 3. Legion sicherten von Bosra aus die Südostgrenze des Reiches. Ganzer Stolz der Legion waren ihre Kamelreiter, die in der unwegsamen Wüste patrouillierten.

Am Cardo maximus steht die vielleicht noch unter Kalif Omar II. (gest. 720) errichtete *al-Omari-Moschee*. Die Baumeister nutzten das im Überfluß vorhandene antike Baumaterial aus Säulen, Kapitellen und Quadern. Über die Jahrhunderte wurden die Mauern und Gewölbe wie ein zerschlissenes Gewand immer wieder notdürftig geflickt. Die al-Omari ist das erste von den Muslimen mit einem Minarett versehene Gebetshaus. Als Vorbilder dienten die römischen Türme der Damaszener Omayyadenmoschee und jene syrischer Klöster und Kirchen.

Der von einem deutsch-syrischen Team freigelegte *Hamam Mandjak* (1372), gleich gegenüber der Moschee, ist das jüngste repräsentative Bauwerk vor dem Niedergang Bosras. Bei sachkundiger Führung des Wächters und mit etwas Phantasie kann man sich gut vorstellen, wie die Bürger Bosras sich hier beim Bade vergnügten. Wer sich speziell für die islamischen Denkmäler der Stadt interessiert, besucht anschließend noch das kleine, neben dem Bad eingerichtete *Museum* mit seiner in englischer Sprache erläuterten Fotodokumentation.

Ⓗ **Cham Palace**, ☏ (015) 79 04 88. Trotz seines Komforts ist das einzige Hotel am Ort unverhältnismäßig teuer. Die nächstgelegenen Mittelklassehäuser befinden sich in Der'a und Suweida'. ⓈⓈ

Seite 59

Eine Moschee wird man in der drusischen Kleinstadt **Suweida'** wie auch in den meisten umliegenden Dörfern vergeblich suchen, denn die Drusen treffen sich in einem schlichten und unauffälligen Versammlungsraum ohne Minarett. Die Stadt hat Touristen nur wenig zu bieten; das, was an alten Steinen übriggeblieben war, trugen die türkischen Militärs im letzten Jahrhundert zum Bau ihrer Kaserne zusammen.

Das Theater von Bosra

Im ******Museum* (🕓 Sommer Mi–Mo 9–13, 15–18 Uhr, Winter 9–15.30 Uhr) zeigen große Bildtafeln die Vulkanlandschaft aus der Vogelperspektive und lassen das antike Straßennetz samt längst aufgegebenen Feldern und Weinbergen erkennen. Neben den Skulpturen aus Qanawat und Shahba (siehe unten) beeindrucken die in einem überkuppelten Lichthof ausgestellten Mosaiken (3. Jh.). Die Auftraggeber schätzten offenbar nackte Frauen (Aphrodite bei der Schönheitspflege, die badende Artemis), Gelage (u. a. das Festessen einer Götterhochzeit) und Jagdszenen besonders.

Ruhepause auf der Kolonnadenstraße von Bosra

Ⓗ Ⓡ **As-Siyaha,** nahe dem Funkturm, ☎ (016) 22 10 13. Ein abgewohnter realsozialistischer Betonbau mit Gartenrestaurant, doch für eine Nacht mag man's aushalten – es gibt hier auch gar nichts Besseres. Ⓢ

Die Basalttempel von **'Atil** zeugen von der Kunstfertigkeit römischer Bildhauer. Während der nordsyrische Kalkstein leicht zu bearbeiten ist, widersetzt sich der harte Basalt des Hauran auch geübten Steinmetzen. Nur die Römer waren imstande, dem Vulkangestein bildhauerischen Schmuck abzugewinnen.

Ein Mosaik im Museum von Suweida'

Die nüchternen Kirchen des Hauran etwa sind nur noch ausnahmsweise mit spärlichem Dekor verziert, und die aufgewandte Mühe brachte nur klägliche Ergebnisse. In einem der Tempel lagern

1

Seite 59

Bauern noch immer ihr Heu und allerlei Gerätschaften – wer möchte schon eine Attraktion aufgeben, die ihm immer wieder Besucher ins Haus bringt? Die gastfreundlichen Bewohner lassen niemanden ziehen, ohne ihn wenigstens zu einer Tasse Kaffee eingeladen zu haben. In einem anderen Hof wird voller Stolz ein Relief einer angeblichen Königin präsentiert. Ursprünglich Teil eines Giebelfelds, ist der Schmuckstein jetzt in ein Haus vermauert.

Durch das Haus des römischen Statthalters betritt man das **Serail* von **Qanawat.** Mit der Christianisierung wurde die neben einem prächtigen Eichenhain gelegene Halle in eine Kirche umgebaut und die alte, nach Süden ausgerichtete Apsis mit einem Heiligengrab belegt. Noch verwickelter ist die Baugeschichte der angrenzenden Räume bzw. des Atriums. Dessen ursprünglicher Entwurf ist an den Basen des Säulenumgangs nachzuvollziehen, die sich in einer zweiten, auf der Südseite angrenzenden Kirche fortsetzen.

Noch in heidnischer Zeit trennte man diesen Raum mit einer Mauer vom Hof ab und richtete hier einen *Tempel* mit Apsis ein. Auch diese Kultnische lag für die Christen freilich in der falschen Richtung, denn der Altar mußte ja nach Osten ausgerichtet sein. Also mauerten die Christen die Apsis kurzerhand zu und setzten den Altar auf ein Podest an der Ostseite.

Wer den *Tempel* von **Mushannaf** (1. Jh.) besucht, muß sich zunächst der versammelten Dorfjugend erwehren, für die der Besuch eine willkommene Abwechslung ist. Eine windschiefe Fernsehantenne auf dem Dach belegt, daß das nicht weniger windschiefe Heiligtum mit seiner bizarren, aus alt und neu zusammengestückelten Fassade bis in die jüngste Zeit bewohnt war.

Hinter Mushannaf beginnt die *Safa*, die trockene und unwirtliche Basaltlandschaft im Regenschatten des Djebel ad-Druz oder Djebel al-Arab, wie er neuerdings von Amts wegen genannt wird. Nur bei außergewöhnlich heftigen Winterregen fließt das Wasser vom Berg auch auf der Ostseite herab und läßt die Wadis für wenige Tage ergrünen und erblühen. Doch der Vegetation bleibt nicht viel Zeit. Irgendwie spricht sich der Regen bei den Beduinen herum, die unverzüglich ihre Herden auf Lastwagen packen und in die frischen Weidegründe bringen.

In **Shahba,** dem antiken Philippopolis, erblickte der Soldatenkaiser Philippus Arabs (244–249) das Licht der Welt, der nach einer Militärkarriere den Thron durch die Ermordung seines Vorgängers erlangte und schließlich seinerseits dem Anschlag eines Rivalen zum Opfer fiel. Philippus' gewonnene und verlorene Schlachten halten sich die Waage, und außer durch die üppigen Feiern zum tausendjährigen Bestehen Roms fiel er durch den Ausbau seines Heimatdorfs zu einer prächtigen Stadt positiv auf. Die Planer mußten hier keine Rücksicht auf bestehende Strukturen nehmen und konnten ihre Ideale, es mochte kosten, was es wollte, vom Reißbrett direkt in die Tat umsetzen: römischer Städtebau in Reinkultur, wie man ihn in Syrien nirgendwo sonst findet. Vom Tell Shihan, dem von einem verlassenen Fort gekrönten Hausberg, hat man einen schönen Blick auf die gesamte Stadt.

Mauer und Tore, Theater, Tempel und Thermen mag man in Bosra größer und schöner finden – einzigartig ist jedoch das von Philippus Arabs für seinen von ihm zum Gott erhobenen Vater Julius Marinus errichtete **Mausoleum*, ein schlichter, geradezu asketischer Bau auf der Südseite des Forums. Und vor dem Pflaster der Hauptstraße, so holprig es auch ist, können die Tiefbauer unserer Tage nur neidisch erblassen: Vor 1700 Jahren gelegt, erfüllt es noch immer seinen Zweck. Auch die Mosaiken des **Museums* von Shahba (🕓 tgl. außer Di 8–16 Uhr) befinden sich noch „in situ", am ursprünglichen Ort. Das Museum wurde direkt über dem Fußboden einer römischen Villa errichtet.

Route 2

Durch die Wüste ins Herz des Alten Orients

Damaskus – Qasr al-Hair al-Gharbi – Palmyra – Qasr al-Hair ash-Sharqi – * Deir ez-Zor – Qal'at ar-Rahba – Dura Europos – Mari (ca. 600 km)

Der Höhepunkt dieser Route wie der gesamten Syrienreise ist der Besuch der antiken Ausgrabungsstätte Palmyra, der ein eigenes Kapitel gewidmet ist (s. S. 50 ff.). Mit den „Wildgehegeschlössern" (Qasr al-Hair) streift die Route zwei geheimnisumwitterte Perlen frühislamischer Architektur, die einst mit üppigen Gärten und künstlichen Seen die Wüste in ein Paradies verwandelten. Bei Deir ez-Zor, einem Verkehrsknotenpunkt mit farbenprächtigem Beduinenbasar, wird der Euphrat und zugleich jener uralte Karawanenweg erreicht, auf dem schon Abraham von Mesopotamien nach Palästina reiste.

Flußabwärts öffnen sich immer ältere Kulturschichten des Zweistromlandes: Die arabische Märchenburg Qal'at Rahba, die hellenistische Stadt Dura Europos mit ihrer Synagoge und einer frühchristlichen Hauskirche, schließlich das bereits vor 3700 Jahren zerstörte Mari (arab. Tell al-Hariri) mit seinem Königspalast und dem über die Museen der Welt verstreuten Keilschriftenarchiv.

Man verläßt Damaskus auf der Straße nach Homs und zweigt nach 25 km zur Wüstenroute Richtung Euphrat ab. In **ad-Dmair,** wo die bewässerte Grünzone in die Wüstensteppe übergeht, öffnet der Wächter Abu Gazem gegen ein kleines Trinkgeld gerne den gut erhaltenen *Tempel* (2. Jh.) der römischen Karawanenstation. Graubraune Bergzüge

Der Tempel von Qanawat ...

... und jener von Mushannaf

Das Qasr al-Hair ash-Sharqi: Jagdschloß der Omayyaden

Seite 66

2

Seite 66

begleiten die Route bis al-Bsiri, wo eine Phosphatbahn und die Straße von Bagdad nach Homs kreuzen. Auf dieser findet man nach 30 km eine Pumpstation, in deren Nähe gewöhnlich einige Beduinen zelten. Sie oder der Pumpenwärter dienen sich gerne als Führer zum **Qasr al-Hair al-Gharbi** an. Das „Westliche Wildgehegeschloß", dessen Prunkfassade heute das Damaszener Nationalmuseum ziert, wurde vom letzten Omayyadenkalifen Hisham um 730 an der Stelle eines byzantinischen Klosters erbaut und schon eine Generation später wieder aufgegeben. Längst hat der Wind auch die bei den Ausgrabungen freigelegten Flächen wieder mit einer dicken Schicht Treibsand eingehüllt.

Die Omayyaden liebten die Jagd, und ihre Residenzen am Wüstenrand erlaubten den Herrschern Jagdausflüge direkt vor der Haustür. Damit es stets genug Beute gab, wurden die Tiere in einem mehrere Quadratkilometer großen Freigehege rund um das Schloß gehalten. Eine Garnison hielt die Stämme der Region in Schach. Qasr al-Hair al-Gharbi besaß komfortable Badeanlagen, die ihr Wasser über eine 17 km lange Leitung vom antiken **Harbaqa-Staudamm** bezogen. Die am Ausgang eines Wadis errichtete Staumauer kann man auf der Rückfahrt bei Kilometer 24 nach der Pumpstation über einen Erdweg (links, 2 km) besuchen.

Das **Qasr al-Hair ash-Sharqi** („Östliches Wildgehegeschloß") ist etwas mühsamer zu erreichen als sein Namensvetter in der westlichen Wüste, aber besser erhalten und bedeutend größer. Die Piste zweigt 4 km nach der Tankstelle von Sukhna von der Hauptstraße ab. Bei trockenem Wetter und vorsichtiger Fahrweise ist sie auch mit einem normalen Auto zu benutzen. Auf einen Führer wird allerdings nur verzichten können, wer genügend Arabischkenntnisse und Geduld besitzt, um die im Frühjahr allgegenwärtigen Beduinen an jeder Gabelung nach dem richtigen Weg zu befragen. Ein gutes Stück vor dem Schloß kreuzt der Weg die 22 km lange Lehmmauer, die die Gärten und den Wildpark einst von der Wüste abgrenzte.

Vier Rundtürme gliedern die aus glatten Kalksteinen gefügte, 70 m breite und 14 m hohe Monumentalfassade des sogenannten Palasts, der wohl eher eine gut befestigte Karawanserei mit Kaserne war. Oleg Grabar, leitender Archäologe bei der Freilegung des Wildgehegeschlosses und einer der besten Kenner von Kunst und Architektur der Omayyaden, spricht von einem „neureichen, prahlerischen Patchwork byzantinischer, persischer und einheimischer Stilelemente"; Qasr al-Hair ash-Sharqi könne deshalb wohl kaum eine Residenz des Kalifen gewesen sein. Vermutlich wurden die Steine aus Palmyra und anderen antiken Stätten herangeschafft. Nur die Mauerkrone und der obere Abschluß der Türme bestehen aus Lehmziegeln und sind mit Pflanzenmotiven dekoriert.

An den von Archäologen ausgebesserten Abschnitten der Mauer strahlt der Stein noch beinahe weiß, wie einst das ganze Qasr. Erst nach Jahren der Verwitterung wird er sich dem Bernsteinton des alten Baukörpers angleichen.

Neben dem „Palast" steht eine ähnlich befestigte, aber mit rund 700 m Umfang wesentlich größere Anlage. Um einen Zentralhof gruppieren sich fünf Wohntrakte (mit jeweils eigenem Innenhof), dazu zwei als „Verwaltungsgebäude" interpretierte Blöcke (beiderseits des heutigen Eingangs), schließlich eine Moschee (Südostecke), an die wiederum Zisterne, Badehaus und, man staune, eine Olivenpresse grenzen – alles zusammen also offenbar eine Art Gutshof, in dem die Kolonisten und Bediensteten der Karawanserei lebten.

Zwischen beiden Festungen ragt ein einsames Minarett aus dem Geröll. Es gehörte zu einer nur noch in Spuren nachgewiesenen Moschee und wurde entweder schon vor dem eigentlichen

Wildgehegeschloß errichtet (dann wäre es eines der ersten Minarette der islamischen Welt) oder erst zu einem Zeitpunkt, da das Schloß bereits aufgegeben und verfallen war.

In **Deir ez-Zor** (180 000 Einw.) kreuzen sich die Landstraßen von Damaskus nach Mossul und von Aleppo nach Bagdad. Auch die Schließung der syrisch-irakischen Grenze hat den Boom der heimlichen Hauptstadt von Syriens „wildem Osten“ nicht gebremst, denn Deir ez-Zor lebt weniger vom Fernhandel als vom Umschlag landwirtschaftlicher Produkte, von seiner baumwollverarbeitenden Industrie und neuerdings von der Versorgung der in der Nähe entdeckten Ölfelder.

Im Suq (auf dem Markt) prüfen die farbenfroh gekleideten Bäuerinnen und

Seite 66

„Ich habe unterwegs viel Böses gesehen“

...schrieb Oberstabsarzt Dr. Schacht am 3. November 1915 über seine Reise von Aleppo nach Deir ez-Zor. Während die internationale Öffentlichkeit mit dem Weltkrieg beschäftigt war, gingen die Jungtürken an die „Endlösung“ der Armenierfrage – ein Völkermord, den die Türkei bis heute leugnet. Die rund zwei Millionen im Osmanischen Reich ansässigen Armenier wurden, soweit man sie nicht umbrachte, in die syrische Wüste deportiert. Dr. Schacht wird Zeuge dieser Transporte und berichtet an das kaiserliche Konsulat in Aleppo über die Lage in Deir ez-Zor:

„Keine genügende Menge von Nahrungsmitteln (stundenlang sind die Bäcker ohne Brot), eine Dampfmühle klappert unzureichend Tag und Nacht. Mangel an Brot und Gemüse wurde festgestellt. 3 Spitäler sind vollgepfropft mit über tausend Kranken. 1 Gemeindearzt, 1 Regierungsarzt, Apotheke fast leer. Der Gemeindearzt verließ eben die Stadt auf einige Tage Dienstreise, die Sterblichkeit beträgt täglich 150–200 Köpfe (Worte des Gemeindearztes). Nur so ist es möglich, daß immer noch Tausende von Ansiedlern hinzugeschafft werden. Oberhalb und unterhalb der Stadt großes Zeltlager. Am linken Flußufer neben der Schiffsbrücke lagert in den ortsüblichen Laubhütten eine Unmasse von Sterbenden. Sie sind die Vergessenen, deren einziger Befreier der Tod ist. Kein sprachlicher Gedankenaustausch vermag auch nur annähernd die Wirklichkeit dieses menschlichen Elendes zu schildern.“

Im Frühjahr 1916 wird Ali Suad Bey, der Gouverneur von Deir ez-Zor, wegen seiner Bemühungen um die Linderung der Not abgelöst. Man schickt die Armenier jetzt weiter nach Mossul. Von den ersten, am 15. April in Marsch gesetzten 19 000 Menschen erreichen fünf Wochen später noch 2500 Deportierte Mossul. Von den folgenden Transporten kommt niemand mehr an – wer nicht verdurstet, wird unterwegs in der Wüste umgebracht.

2

Seite 66

Beduinenfrauen mit kritischem Blick die Waren. Abends flanieren jung und alt über die Euphratinsel, die Männer plaudern auf den Terrassen der Kaffeehäuser oder feiern in den Teegärten am Fluß. Die Stadt gilt trotz dieser äußerlichen Idylle allerdings als ziemlich konservativ, und alleinreisende Frauen werden in der Öffentlichkeit hier mehr als gewöhnlich begafft, wenn nicht belästigt.

Wahrzeichen der Stadt ist die von den Franzosen 1924 über den Euphrat gespannte *Hängebrücke*. Das neue, 1996 an der Straße nach Aleppo eröffnete * *Museum* (🕓 tgl. außer Di 9–18, Winter bis 16 Uhr) dokumentiert die Geschichte der Region von der 8000 Jahre alten Lehmfigur der Großen Muttergöttin bis zu einer nachgestellten Straßenszene der Mandatszeit mit Fahrrad und Telefonmasten. Die Exponate sind ansprechend präsentiert und mit großen Schrifttafeln in ihren historischen Zusammenhang gestellt. Auch wenn die herausragenden Funde nicht hier, sondern in Damaskus ausgestellt sind, ist das Museum äußerst sehenswert.

ℹ Sh. Khaled Ibn al-Walid, ca. 300 m östlich des Hauptplatzes. 🕓 tgl. außer Fr 9–18 Uhr.

🚆 Vom Bahnhof, der sich 3 km außerhalb der Stadt am Nordufer befindet, fahren die Züge nach Aleppo und Qamishli ab.

🚌 Die privaten Fernbusse sowie die Kleinbusse euphratabwärts fahren vom Busbahnhof in der Sh. Hassan Taha 2 km südl. des Zentrums ab.

Ⓗ **Concorde,** im Westteil der Insel, ☎ (051) 22 42 72, FAX 22 54 11. Das Haus internationalen Standards wurde 1995 eröffnet und steht unter italienischer Leitung. Hotelkomfort hat in Syrien allerdings einen stolzen Preis … $$

Raghdan, Sh. al-Nahr, im Zentrum am Ufer, ☎ 22 20 53. Einfach, doch sauber und gepflegt, aufmerksamer Service. $

Ⓡ **Mari,** Sh. al-Mamun, auf der Dachterrasse des gleichnamigen Hotels. Ein künstlicher Wasserfall und eine Kakteensammlung bestimmen die Atmosphäre auf der selbst an Hochsommerabenden angenehm kühlen Terrasse.

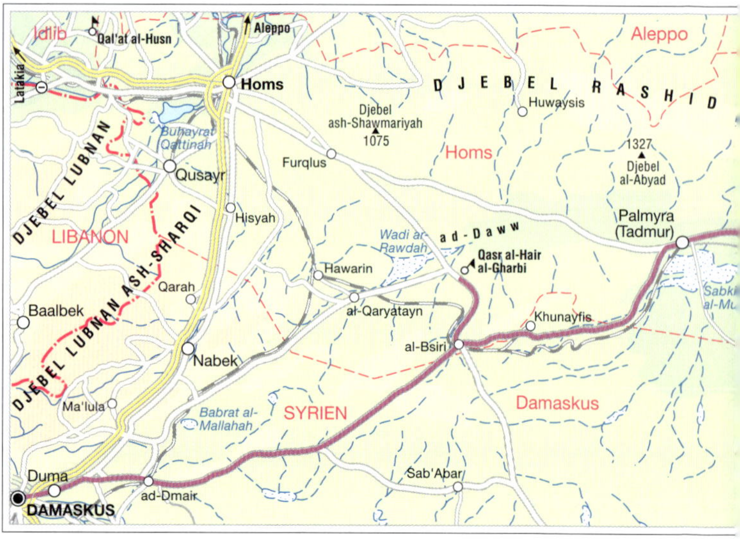

Reiche Auswahl auch für Vegetarier. (S)

Blue Beach (Ash-Shati al-Azraq), am Fluß. Ein Teegarten mit einfachen Snacks und schöner Aussicht auf die Hängebrücke. (S)

Eine halbe Autostunde euphratabwärts thront auf einem Hügel nahe al-Mayadin die mittelalterliche Märchenburg **Qal'at ar-Rahba.** Der Zahn der Zeit hat der nach dem Mongolensturm aufgegebenen Festung allerdings arg zugesetzt, und wer den Hügel mit seiner prächtigen Aussicht erklimmt, wird gewahr, wie zerfallen die aus der Ferne so trutzig wirkende Feste tatsächlich ist.

Seleukos I., ein Nachfolger Alexanders, siedelte um 300 v. Chr. ausgemusterte griechische Soldaten in **Dura Europos** an, die das Land am Euphratufer bewirtschafteten und die Straße sicherten. Später kam Dura unter die Herrschaft der Parther. Gerade 80 km außerhalb des römischen Machtbereichs, der an der Mündung des Khabur in den Euphrat endete, entwickelte sich eine Handelsstadt mit weltoffener, liberaler Atmosphäre, in der auch viele aus

Die Hängebrücke über den Euphrat bei Deir ez-Zor

Die mittelalterliche Burg Qual'at ar-Rahba

2
Seite 66

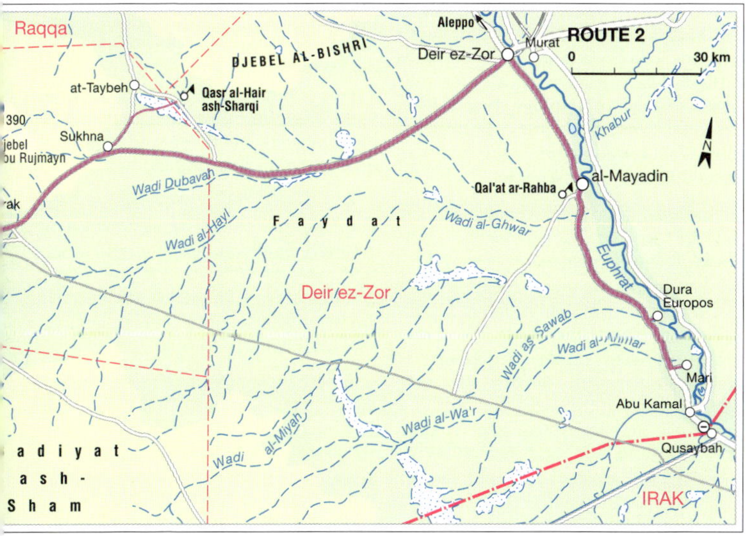

2

Seite 66

Palästina vertriebene Juden Zuflucht fanden.

Seine Toleranz gegenüber allen Religionen bewahrte Dura Europos auch unter römischer Besatzung (164–256). Während andere Metropolen für ihre Haupt- und Staatsgötter monumentale Heiligtümer errichteten, blieb es hier bei einer verwirrenden Vielfalt kleiner Tempel für hellenistische, mesopotamische, parthisch-iranische und aramäisch-arabische Götter.

Sogar eine Kapelle und eine Synagoge gab es. Beide lagen gleich neben der Stadtmauer und wurden unmittelbar vor der sassanidischen Zerstörung von Dura Europos (256/257) unter einem Sandwall verschüttet, mit dem sich die Verteidiger des Angriffs zu erwehren versuchten. Nur durch diesen Glücksfall blieb den Wandbildern mit ihren alt- und neutestamentlichen Szenen sowie den für die jüdische Tradition ganz ungewöhnlichen Menschendarstellungen die Verwüstung erspart, von der die übrige Stadt heimgesucht wurde.

Vor Ort wird man die Bilder allerdings vergebens suchen. Die Synagoge wurde demontiert und ins Nationalmuseum nach Damaskus gebracht, die Fresken der Kapelle wanderten in die Yale Gallery (New Haven, USA), und die nicht weniger prächtigen Wandbilder des Baal-Tempels sind auf Museen in aller Welt verteilt – Deir ez-Zor besitzt immerhin noch eine Kopie.

Vom *Palast des Statthalters* blickt man auf die antiken Hafenanlagen unten am Fluß. Wasservögel stolzieren auf einer Sandbank, am anderen Ufer rattern die Pumpen. Die alljährlichen Überschwemmungen, die einst das Land entsalzten und feinen Schlamm als Dünger auftrugen, bleiben seit der Euphratregulierung aus, und die aus der Ferne geradezu bukolisch wirkenden Landschaften sind bei näherem Hinsehen oft unfruchtbar und bereits mit einer weißen Salzschicht überzogen.

Auch der Stadtstaat **Mari** (arab. Tell Hariri, 2900–1757 v. Chr.) lag an der Handelsroute, die den Persischen Golf mit dem Mittelmeer verband. Die Archäologen entdeckten einen parallel zum Euphrat verlaufenden Kanal, durch den Maris Schiffe im 3. Jahrtausend v. Chr. auch bei Niedrigwasser segeln oder rudern konnten. Bewässerungskanäle und Stauwerke für die Landwirtschaft wurden vom Staat angelegt und unterhalten, und Beamte verteilten das Wasser so an die Bauern, daß auch die Anlieger am Ende der Stichkanäle noch genug davon bekamen.

Einige Historiker sehen in dieser Aufgabe, die nur mit dem Masseneinsatz von Arbeitskräften zu bewältigen war, den Ursprung der Staatsgewalt und des Beamtentums im Zweistromland. Die 15 000 aus dem *Palastarchiv* von Mari geborgenen Keilschrifttafeln, von denen das Museum von Deir ez-Zor einige Proben samt Übersetzung zeigt, sind mit diplomatischen Korrespondenzen, Verwaltungsakten und der „Finanzbuchhaltung“ des Palasts ein wichtiger Schlüssel zum Verständnis der Frühgeschichte des Alten Orients.

Die Ausgrabung Maris ist das Lebenswerk des französischen Archäologen André Parrot, der ab 1933 für respektable 41 Jahre Grabungsleiter in Mari war. Nur ein Bruchteil der 3 km² großen Stadt wurde bislang erforscht, und davon darf das Publikum auch nur den Palast besuchen.

Ein Laie, der nicht wenigstens zuvor die Mari-Funde in den Museen besichtigt hat und sich so und mit einem gehörigen Maß Phantasie ein Bild des Palasts machen kann, wird allerdings von Mari enttäuscht sein.

Von der Straße aus sticht heute weniger der gerade 15 m hohe Tell (Hügel aus Siedlungsschutt) ins Auge als vielmehr ein riesiges Sonnensegel, das die freigelegten Lehmmauern des *Königspalastes* schützt. Nach der Eroberung Maris ließ der Babylonierkönig Hammurabi die Stadt samt Palast einebnen, so daß die Fundamente, Böden und Grundmauern, ja sogar manches Inventar unter dem Schutt der niedergerissenen oberen Mauerteile und Decken begraben und konserviert wurden. Der Palast umfaßte neben den Repräsentationsräumen (um den „Palmenhof"), Gemächern und Bädern des Herrschers (im Nordostflügel) auch große Vorratslager (Südwestflügel), Werkstätten und Büros (Ostflügel) sowie ein Heiligtum (Südostecke) – alles in allem mit 275 Räumen und drei Innenhöfen auf 25 000 m² Fläche eine wahrhaft königliche Residenz. Ein Wandbild mit Opferszenen und die im Palast gefundene Statue der „Göttin mit der Vase" sind im Museum von Aleppo ausgestellt, eine Kopie der Göttin und zahlreiche Votivgaben befinden sich in Deir ez-Zor.

Nur wenig blieb von Dura Europos

Seite 66

Pompeji am Euphrat

Im März 1920 meldete der britische Captain Murphy seiner vorgesetzten Dienststelle, er habe auf der Höhe, die seine Einheit besetzt hielt, alte Wandmalereien entdeckt. Unter Leitung des zufällig in Bagdad weilenden Orientalisten J. H. Breasted machte sich eine kleine Expedition zu Murphy auf – die Gelehrten hatten dort gerade ihr Lager aufgeschlagen, als die Briten und mit ihnen die Forscher das mittlerweile den Franzosen zugeschlagene Gebiet räumen mußten. Doch der nur einen Tag währende Besuch hatte Breasted überzeugt, es hier mit einem sensationellen Fundort zu tun zu haben: wunderbar erhaltene Fresken in mehreren Tempeln, in einer Synagoge und einer Kapelle, dem ältesten christlichen Gotteshaus Syriens. Nach ihnen wurde Dura Europos später das „Pompeji am Euphrat" genannt.

Die Wandbilder der Synagoge (244/45) spiegeln mit den Gewändern der dargestellten Personen und mit Inschriften in verschiedenen Sprachen das bunte Völkergemisch der Stadt und der jüdischen Gemeinde wider. Selbst Figuren der griechischen Mythologie schlichen sich in die biblischen Szenen, so etwa ein leierspielender Orpheus (nach persischer Mode gekleidet) über dem Thoraschrein.

Die Christen von Dura Europos beteten in einem um 240 zur Kirche umgestalteten Wohnhaus. Sie konnten sich keinen Neubau und, wie man am unbeholfenen Stil der Fresken sieht, auch nicht die besten Maler leisten. Im Versammlungsraum trafen sich die vielleicht 60 oder 70 Gemeindemitglieder jeden Sonntagmorgen zur Messe. Bis auf ein Podest für den Bischof oder Gemeindeältesten war der Raum leer. Fresken schmückten lediglich die Taufkapelle: die Decke als Nachthimmel mit Sternen, über dem Taufbecken das Bild des guten Hirten mit seiner Herde, ihm zu Füßen der Sündenfall, vom dem der Täufling durch die Taufe erlöst und in die Herde Gottes aufgenommen wurde.

Route 3

3

Seite 73

Am „süßen Wasser"

Deir ez-Zor – Halabiye – Raqqa – *ar-Rusafa – Assad-Stausee – Aleppo (ca. 400 km)

Der Euphrat ist die Lebensader der Djezire, wie der Nordosten Syriens genannt wird. Der gewaltige Staudamm von ath-Thaura versorgt das Land mit Elektrizität und die Bauern mit Wasser. Raqqa, wo einst Harun ar-Rashid seine Sommer zu verbringen pflegte, erwachte mit dem Bau des Assad-Stausees aus seinem Dornröschenschlaf. Das mitten in der Wüste gelegene ar-Rusafa dagegen, wo der heilige Sergius den Märtyrertod fand, war wegen seiner schlechten und salzigen Brunnen schon bei den arabischen Geographen des Mittelalters verrufen. Nach den Zerstörungen durch den Mongolensturm wurde die einsame Wüstenstadt nie wieder besiedelt.

Mit dem Bau der sich an den Euphratufern schräg gegenüberliegenden Festungsstädte **Halabiye** und **Zalabiye** versuchte der byzantinische Kaiser Justinian (527–565), eine Furt gegen die Sassaniden zu sichern – heute überquert eine schwankende Pontonbrücke den Fluß. Die Mauern beider Kastelle sind erstaunlich gut erhalten. Hier, weitab von jeder Siedlung, klaute sich niemand Steine zusammen, um daraus irgendwelche Häuser oder Moscheen zu bauen. Im Inneren von Halabiye lassen sich noch gut das rechtwinklige Straßenmuster, zwei Kirchen, das Forum und die Thermen erkennen. Schon Zenobia hatte auf dem Hügel ein Fort errichtet. Aus ihrer Zeit stammen die Grabtürme in der Umgebung Halabiyes. Besonders lohnend ist ein Besuch in der Dämmerung, wenn der Stein einen warmen Rotton annimmt und die untergehende Sonne sich als glühender Feuerball im Fluß spiegelt.

„Der Fluß ist breit, das Land flach und fahl, die Luft diesig", schrieb Agatha Christie vor 60 Jahren über **Raqqa.** Seit dem Bau des Thauradamms ist Raqqa zu einer Großstadt angewachsen, doch die provinzielle, einer Stadt im Mittleren Westen der USA vergleichbare Öde, die Agatha Christie beklagte, ist geblieben. Man wundert sich, weshalb gerade diese Gegend eine Lieblingsprovinz der Abbasiden war, die den Rest Syriens völlig vernachlässigten, und warum Harun ar-Rashid (786–809) ausgerechnet Raqqa zu seiner Sommerresidenz erkor. Sein Palast, das *Qasr as-Salam,* wurde etwa einen Kilometer nordöstlich der hufeisenförmigen Altstadt ausgegraben. Auf die Abbasiden geht auch die mehr rekonstruierte als restaurierte *Stadtmauer* mit dem *Bagdadtor* zurück, ebenso die zerfallene ehemalige Hauptmoschee, *Djami al-Qadim,* und das *Qasr al-Banat.* Mit seinen vier um einen Innenhof mit Wasserbecken angelegten Iwanen folgt dieser Palast persischen Vorbildern. Moschee wie Palast wurden im 12. Jh. noch einmal gründlich erneuert. Man hielt jedoch an Lehmziegeln als traditionellem Baustoff fest, die einer der Gründe für den schlechten Erhaltungszustand der Monumente von Raqqa sind.

Nicht versäumen sollte man das *Museum* (🕓 Mi–Mo 8–13, 15–18 Uhr), in dem etwa Keramiken aus der im 12./13. Jh. florierenden Manufaktur von Raqqa ausgestellt sind.

Das schon in assyrischen Keilschriften und der Bibel erwähnte ***ar-Rusafa** war zu Zeiten des römischen Kaisers Diokletian (284–305) noch eine unbedeutende Militärstation. Mit dem Kult um den hier als Märtyrer hingerichteten Gardeoffizier Sergius, dem zu Ehren die Christen ar-Rusafa später Ser-

Diese Arbeiterinnen graben in ar-Rusafa

giopolis nannten, entwickelte es sich zu einem Pilgerzentrum, das Gläubige aus dem gesamten Mittelmeerraum anzog. Es entstanden Kirchen, Zisternen, Speicher und Pilgerherbergen, und mit wachsendem Wohlstand wurden die anfangs bescheidenen Lehmziegelbauten durch prächtige Gebäude aus Stein ersetzt. Etwas seltsam inmitten der christlichen Hochburg mutet an, daß Omayyadenkalif Hisham (724–743) in ar-Rusafa einen Palast bauen und sich hier sogar bestatten ließ. Auch mit nachlassendem Pilgerstrom hielt sich die christliche Gemeinde bis ins 13. Jh. Erst als die Mongolen anrückten, evakuierte Sultan Baibar (1260–1277) die letzten Bewohner nach Hama.

3

Seite 73

Das Ruinenfeld gleicht heute einer bizarren Kraterlandschaft. Die Ränder der Trichter markieren unter dem Treibsand stehengebliebene Mauern, die Vertiefungen die eingefallenen Räume. Eine rechteckige *Mauer* mit Arkadengang, 50 Bastionen und vier Doppeltoren schützte die Stadt. Das * *Nordtor* mit seinen filigranen Steinmetzarbeiten und einem kunstvollen Fries gilt als das Meisterstück byzantinischer Architektur in Syrien. Die dem Tor nächste Kirche, der sogenannte *Zentralbau*, bereichert den in der orientalischen Sakralarchitektur beliebten Grundriß des in ein Rechteck eingeschriebenen Kreises oder Vielecks um eine ungewöhnliche Variante: der Kreis ist hier größer als das Rechteck, so daß die Fassade auf drei Seiten halbrunde Ausbuchtungen (Konchen) formt. Die Apsis jedoch, wo man ein solches Halbrund am ehesten erwartet, ist zwischen zwei Eckräumen ins Kircheninnere zurückgesetzt.

Auf marmorgepflasterten Straßen schritten die Pilger zur *Basilika zum Heiligen Kreuz* (559), der größten Kirche ar-Rusafas. Der Bau geriet schon bald nach seiner Vollendung in Schieflage, und die Arkaden mußten durch zusätzliche untergeschobene Bögen verstärkt werden. An manchen Kapitellen sind noch die griechischen Inschriften zu erkennen, einige davon mit dem Namen des Sergius in Spiegelschrift. Unter der Kirche fanden deutsche Ausgräber 1982 einen Kirchenschatz mit wertvollen Silbergefäßen; einige tragen die Prägestempel deutscher und französischer Werkstätten des 12. Jhs. und waren wohl mit den Kreuzrittern nach Syrien gekommen. Der vor der Evakuierung ar-Rusafas vergrabene Schatz befindet sich jetzt im Damaszener Nationalmuseum.

Mit ihren kirchenschiffhohen Gewölben erinnern auch die * *Zisternen* der Stadt an ein Gotteshaus. Nur in Istanbul finden sich unterirdische Wasserspeicher vergleichbarer Größe. Während Prokopius, der Hofgeschichtsschreiber Justinians, seinen Kaiser als Bauherrn nennt, schreiben arabische Quellen die Zisternen den Ghassaniden zu, einem christianisierten und mit den Byzantinern verbündeten arabischen Stamm. Außerhalb der Mauern, vor dem Nordtor und halb in einer Sandverwehung begraben, haben die Ghassaniden noch eine Audienzhalle *(Prätorium)* hinterlassen.

Hochspannungsleitungen aus allen Himmelsrichtungen weisen den Weg nach **ath-Thaura** („die Revolution"),

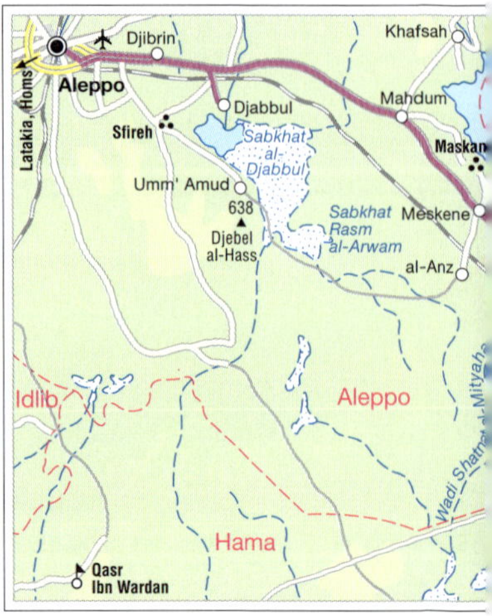

der neuen Stadt gleich neben dem Staudamm – zwar keine Plattenbauten, aber doch ein mit sowjetischer „Bruderhilfe“ im realsozialistischen Stil der siebziger Jahre errichtetes Ensemble. Nach der syrischen Wende erinnert man sich daran wohl nur noch ungern: der Putz bröckelt, und ath-Thaura wird mit Vernachlässigung bestraft.

Qal'at Dja'bar

3

Seite 73

Über die Dammkrone strömen am Wochenende die Autos der Ausflügler an das Nordufer des aufgestauten Sees zur **Qal'at Dja'bar.** Einst thronte das mittelalterliche Lehmziegelfort auf einem Hügel am Fluß, heute liegt es auf einer Insel im See. Hier wurde Imadaddin Zangi, Held des moslemischen Widerstands gegen die Kreuzritter, 1146 von einem fränkischen Eunuchen ermordet. Die Gestade um die Burg sind ein beliebter Picknickplatz, der zudem Badefreuden und Angelbeute verheißt.

Diese Bienenkorbhäuser werden als Ställe genutzt

Ostlich von *Meskene* hat der Assadsee das Schlachtfeld **Siffin** (Abu Hureyra) begraben, wo 657 die Truppen Mu'awiyas und Alis um die Zukunft des Islam rangen. Als die Schlacht schon verloren schien, hieß Mu'awiya seine

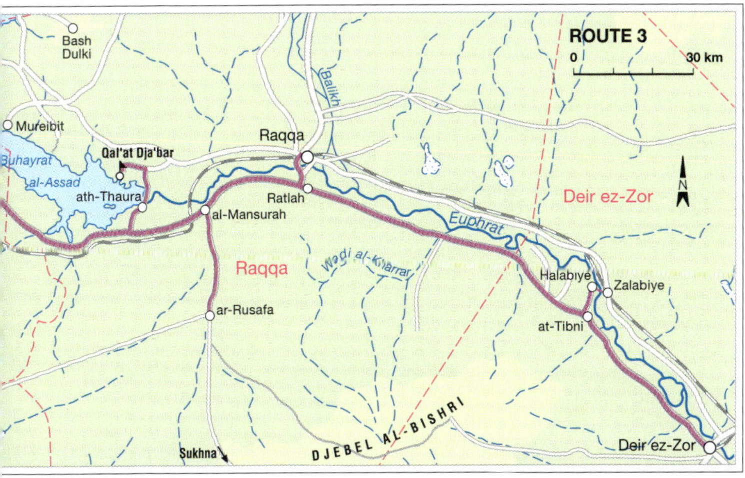

Kämpfer Koranblätter auf ihre Lanzen spießen, worauf Alis Soldaten sich verwirrt zurückzogen. Ein daraufhin vereinbartes Schiedsgericht sprach die Kalifenwürde Mu'awiya zu – ein Urteil, das die Schiiten, die Anhänger Alis, nie anerkannten.

Am See von Djabbul, unmittelbar vor den Toren Aleppos, kommt der Reisende noch einmal in den Genuß bukolischer Szenen: In kobaltblauer Tracht gekleidete Frauen ziehen zum Brunnen oder arbeiten auf dem Feld; in den Dörfern sind, noch, die letzten Bienenkorbhäuser im Stil der apulischen Trulli zu bestaunen. Die ohne einen einzigen Balken errichteten Qubab, wie sie auf arabisch heißen, erhalten ihre charakteristische Form durch zur Spitze hin stufenweise vorkragende Lagen aus Lehmziegeln. Mit dem Siegeszug des Betons weichen sie zusehends Flachbauten, die bei Bedarf die Erweiterung um ein Obergeschoß erlauben.

Klimatisch sind die in den fünfziger Jahren als „rückständig" sogar eine Zeitlang verbotenen Bienenkorbhäuser dem Flachdachwürfel aber haushoch überlegen: Sie reflektieren die Sonnenstrahlen besser und heizen sich weniger auf, die warme Luft sammelt sich oben in der Kuppel, und der Lehm wirkt als klimatischer Puffer zwischen heißen Tagen und kalten Nächten. Als schönstes „Bienenkorbdorf" gilt **Umm' Amud** am Südufer des Djabbul-Sees.

3

Seite 73

Die Wüstensöhne

Der Konflikt zwischen Seßhaften und Nomaden zieht sich als roter Faden durch die Geschichte Syriens. Ibn Khaldun (gest. 1406), der führende arabische Geschichtsschreiber und zugleich Soziologe, lange bevor sich diese Wissenschaft im Abendland entwickelte, rühmt die moralische Überlegenheit der stolzen, freien und waffentragenden Nomaden: Die Seßhaftigkeit sei zwar das Endziel der Zivilisation, aber zugleich Beginn der Dekadenz.

Auch wenn ihn vorrangig Nomadenstämme verbreiteten, ist der in Mekka und Medina entwickelte Islam eine Religion der Städter: das gemeinsame Gebet in der Moschee, die vorgeschriebenen Waschungen, die Geschlechtertrennung und viele andere Regeln und Traditionen sind in der Wüste nur mit Mühe oder gar nicht zu befolgen. Und nach der mittelalterlichen „Beduinisierung", bei der die Bauern zurückgedrängt wurden (in manchen unzugänglichen Regionen hielten sie gar am Christentum fest, nahmen den alawitischen Glauben an oder verfielen der drusischen Häresie), scheinen die Nomaden heute mit der Durchsetzung des staatlichen Gewaltmonopols endgültig verloren zu haben. Generatoren und Lastkraftwagen anstelle von Kamelen symbolisieren den Sieg zweifelhaften städtischen Fortschritts.

Ob Demokratie, Diktatur oder Monarchie, alle Systeme sind sich in ihrer Abneigung gegenüber den Beduinen einig: Sie lassen sich allzu schwer kontrollieren, sind kaum zu zählen und für den Wehrdienst nicht zu erfassen – denn die Wüstensöhne sind dauernd in Bewegung. Wer die Wüste nicht lesen kann wie ein Buch, der verfehlt die Wasserstellen und die gerade vom seltenen Regen gesegneten Weidegründe, der mißdeutet das Wetter. Und was die Erde verschweigt, erzählen die Sterne. Sie weisen als Kompaß den Weg und bestimmen den Kalender: Der Aufgang von Canopus (Oktober) bringt die ersten Winterregen, die Niederschläge während der 25 Sternschnuppennächte der Plejaden bestimmen das Wachstum im nächsten Jahr, und mit Gemini beginnt die Trockenzeit. Wer irrt, dem sterben Herde und Familie.

Route 4

Auf den Spuren der orientalischen Christen

Aleppo – ** Simeonskloster –'Ain Dara – * Qalb Loze – Aleppo (170 km; Tagesausflug von Aleppo aus)

In der Umgebung Aleppos laden wenigstens 500 „tote Städte" mit ihren erstaunlich gut erhaltenen Ruinen zur Entdeckung ein. Anstelle des hier empfohlenen Tagesausflugs per Auto könnte man Wochen damit verbringen, von Hof zu Hof, von Kirche zu Kirche zu wandern, und mit der Beschreibung aller Stätten ließe sich ein eigenes Buch füllen. Die verlassenen Siedlungen sind das größte Freilichtmuseum spätantiker Architektur, besonders des Kirchenbaus – keine kleinen Kapellen, sondern prächtige Basiliken säumten die Routen der einst zum Kloster des Säulenheiligen Simeon pilgernden Wallfahrer.

Einst war das nordwestsyrische Kalkplateau dicht besiedelt und lieferte Oliven, Wein und Getreide für die eine halbe Million Einwohner zählende Weltstadt Antiochia oder gar für das ferne Rom. Mit der islamischen Eroberung wurde die Region von ihren Märkten abgeschnitten und geriet ins wirtschaftliche Abseits. Dazu erschwerte die Erosion der einst über dem Fels bis zu einem Meter starken Erdkrume zusehends den Feldbau – heute sind die Höhenzüge und Plateaus ein weithin nackter und kahler Karst. So wanderten die Menschen nach und nach ab und überließen die Siedlungen dem Verfall. Die toten Städte wurden nicht durch Kriege oder Naturkatastrophen zerstört, sondern schlicht verlassen – Haus um Haus leerte sich, und irgendwann mag der letzte in der Kirche das Ewige Licht gelöscht haben.

Teil einer „toten Stadt"

'Ain Dara: „Fußabdruck eines Gottes"

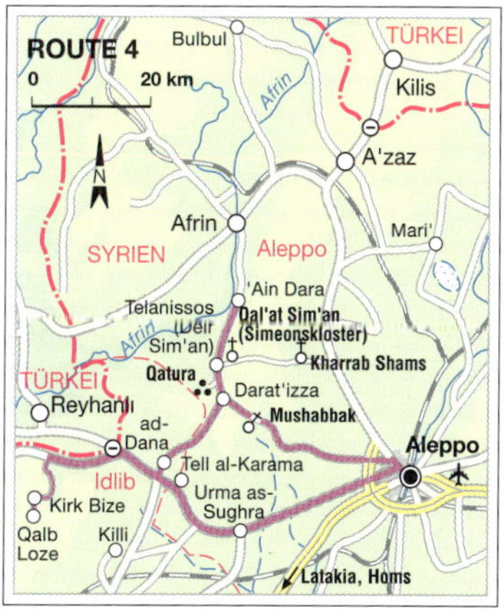

4
Seite
75

Bei der Basilika **Mushabbak,** heute einsam neben einem Gehöft an der Straße nach Darat'izza gelegen, übernachteten die Pilger, die von Aleppo aus zum Simeonskloster zogen. Sicherlich passierten sie die römischen Felsengräber von **Qatura** ebenso achtlos, wie es heute die Insassen der Reisebusse tun. Dabei verdient die Mühe, die hier die einfachen Leute auf die künstlerische Gestaltung ihrer Gräber verwandten, auch nach bald 2000 Jahren noch unseren Respekt. Der Veteran Titus Flavius Julianus und seine Frau Titia etwa träumten offenbar von gutem Essen und ließen ihr Grab mit dem Relief einer bei Tisch liegenden Gestalt schmücken – denn damals wurden die Festmähler bekanntlich im Liegen eingenommen.

4

Seite 75

H. C. Butler, der Altmeister syrisch-byzantinischer Architekturgeschichte, nennt die von Kaiser Zeno (474–491) gestiftete Kirche des ****Simeonsklosters** (Qal'at Sim'an, ⏲ Sommer tgl. 9 bis 19 Uhr, Winter tgl. 9–16 Uhr) das „monumentalste christliche Bauwerk" vor den mittelalterlichen Kathedralen Europas. Nach dem Tode des Säulenheiligen Simeon (s. rechts) im Jahre 459 umbaute man die berühmte Säule, von der heute nur noch ein Stumpf aufrecht steht, mit einem Oktogon. Das Dach des Zentralbaus stürzte bei einem Erdbeben zu Beginn des 6. Jhs. ein und wurde nicht wiedererrichtet. Von dem achteckigen Hof streben vier dreischiffige Basiliken kreuzförmig in alle Himmelsrichtungen. Liturgisches Zentrum des Komplexes war die östliche Basilika, deren Abschluß durch drei Apsiden betont ist. Die gesamte Anlage, zu der auch ein Kloster und ein Baptisterium gehören, besticht durch ihre schlichten, harmonischen Formen. Der bildhauerische Schmuck betont Linien und Bögen; erst aus der Nähe erkennt man die feinen Verzierungen, etwa das „windbewegte" Laubwerk der Kapitelle.

Das Grab Simeons sucht man allerdings vergebens. Die Byzantiner brachten die Leiche, kaum daß der Heilige verstorben war, nach Antiochia und später nach Istanbul – eine so kostbare Reliquie mochte der Kaiser lieber in seiner Nähe wissen.

In **Telanissos** (Deir Sim'an) unterhalb des Klosters sammelten sich die Pilger und vor allem die Frauen, denen der Heilige, die eigene Mutter eingeschlossen, seinen Anblick verwehrte. Nach dem Tode Simeons wurde ihnen immerhin gestattet, die Basilika, nicht aber das Oktogon mit der Säule zu betreten. In der Ortschaft blieb die Fassade einer dreigeschossigen Herberge *(Pandocheion)* erhalten. In der Ladenzeile gleich gegenüber konnten die Pilger ihre Souvenirs erstehen.

Die eingestürzten Seitenschiffe der „Stelzenbasilika" **Kharrab Shams** geben den Blick frei auf das von luftigen Arkaden getragene Hauptschiff. Die Felder und Weidegründe der Gegend gehören Kurden – würdevollen Patriarchen in Pluderhosen, die Touristen für syrische Verhältnisse eher förmlich begegnen und fremden Frauen nicht einmal die Hand reichen, wenn die eigene Familie zugegen ist.

Basaltlöwen bewachen in **'Ain Dara** den hethitischen *Tempel der Ishtar.* Monumentale, aus dem Fels geschlagene Fußabdrücke zeigen den Weg ins Heiligtum, als ob einst die Götter selbst den Tempel besucht hätten. Unterhalb der befestigten Akropolis schlängelt sich der Afrin durch sein Tal, das im Sommer, wie ein zu weites Gewand um einen dürren Körper, für das dürftige Rinnsal um einige Nummern zu groß geraten erscheint.

Wer sich abseits der touristischen Pfade bewegen und zugleich ein weiteres Kleinod frühchristlichen Kirchenbaus kennenlernen will, dem sei der Abstecher nach **Qalb Loze** („Mandelherz") empfohlen. Die um 460 errichtete ***** *Basilika* des Drusendorfs kann in mancherlei Hinsicht (Dekor und Grundriß) als eine Vorstudie zu den Kirchen des Simeonsklosters betrachtet werden. Doch zugleich erinnert ihre Westseite, an der zwei Türme ein Bogenportal flankieren, an deutsche Gotteshäuser der frühen Salierzeit (11. Jh.). Wie Mushabbak dürfte auch Qalb Loze eine Pilgerstation gewesen sein und sich, angesichts seiner Pracht, finanzkräftiger Gönner erfreut haben. Das moderne Dorf scheint dagegen vor allem von den Almosen der gelegentlichen Besucher zu leben, die den Mädchen bestickte Tücher abkaufen. Der karge Boden des Kalkrückens trägt von Natur aus nur einige windzerzauste Olivenbäume, und wer hier ein Feld bestellen will, der muß zunächst die Erde aus Winkeln und Löchern im Karst buchstäblich zusammenkratzen.

Eine knappe halbe Fußstunde von Qalb Loze gibt es, auf der anderen Seite der ins Tal führenden Straße, schließlich noch das verlassene Dorf *Kirk Bize* zu entdecken.

Das ganze Ausmaß der Erosion wird auf dem Rückweg nach Aleppo nochmals anhand der bei **Tell al-Karama** kreuzenden *Römerstraße* deutlich. Auf einem geschotterten Unterbau wurden die mächtigen Steinplatten seinerzeit eben mit dem Straßenrand verlegt – heute ragt die Straße wie ein Damm bis zu einem Meter hoch aus dem Gelände.

Die „Stelzenbasilika" Kharrab Shams

Stumpf der Säule des heiligen Simeon

4

Seite 75

Der Säulenheilige

Der fromme Simeon (390–459) trennte sich schon als junger Mönch von seiner Klostergemeinschaft und wählte ein Leben als Einsiedler, wobei er die Selbstkasteiung von der Einsamkeit in der Klause bis zur Residenz auf einer Säule steigerte. Dort verbrachte er, durch eine Balustrade vor dem Absturz geschützt, die letzten 30 Sommer und Winter auf gerade einmal 3 m². Tagsüber stand der gen Himmel strebende Asket mit ausgestreckten Armen aufrecht oder beugte sich fortgesetzt in Andacht. „Mein Begleiter zählte 1244 Verbeugungen und gab dann das Zählen auf. Bei jeder Verbeugung berührt seine Stirn die Fußspitzen. Er kann sich so tief beugen, weil er nur einmal die Woche etwas Nahrung zu sich nimmt," überliefert Zeitzeuge Theodoret von Cyrrhus und fügt hinzu: „Ich weiß, daß mein Bericht der Nachwelt als Legende ohne einen Funken Wahrheit erscheinen wird, denn was hier geschieht, übersteigt die menschliche Natur." Dieses leibhaftige Weltwunder lockte Pilger und Schaulustige aus aller Herren Länder an. Zweimal am Tag wandte Simeon sich ans Publikum, predigte und beantwortete die Fragen der Ratsuchenden. Den Gläubigen schien es, als spräche durch ihn der Heilige Geist.

Route 5

Bäder, Burgen, Wasserräder: zwischen Mittelmeer und Orontes

Aleppo – ** Apameia – ** Qal'at Salah ad-Din – Latakia – Ugarit – Tartus – ** Krak des Chevaliers – Hama – Homs – Damaskus (ca. 950 km, 5–6 Tage)

Anderswo mag das Mittelmeer mit Feriendörfern und Bettenburgen zugepflastert werden – an Syriens 180 km langer Küste blieb die touristische Infrastruktur bislang bescheiden. Einzig in Ras al-Basit findet man feine Strände mitsamt einer Unterkunft, um einen Syrienurlaub mit erholsamen Badetagen ausklingen zu lassen. In der Bilderbuchburg Krak des Chevaliers trotzten die Kreuzritter 130 Jahre allen Angriffen der Muslime. Auch die mit Zierbändern aus hellem Kalkstein geschmückte Qal'at Salah ad-Din, die „Burg Saladins", inspiriert nicht nur Kinder zu eigenen Bauversuchen am Sandstrand. Eine schöpferische Leistung ganz anderer Art vollbrachten die Menschen von Ugarit. In den Keilschriftarchiven der Handelsstadt fand sich das älteste Tontäfelchen mit jenem Alphabet, aus dem sich auch unsere Schrift entwickelte.

5
Seite 81

Die Entdeckung von **Ebla** (Tell Mardikh) war der größte Erfolg der syrischen Archäologie nach dem Weltkrieg. Schon vor geraumer Zeit hatte der Pflug eines Bauern einen 4000 Jahre alten, mit Kriegern, Löwen und dem Relief eines namenlosen Königs verzierten Basalttrog ans Licht gebracht. Die syrische Altertümerverwaltung, die von Grabräubern wußte, die das Gelände in der Dunkelheit durchforsteten, empfahl dem jungen italienischen Archäologen Paolo Matthiae, sein Glück doch am Tell Mardikh zu versuchen. Lange buddelten die Forscher und ihre angeheuerten Helfer, bis sie fündig wurden. Erst eine Inschrift, deren Stifter sich als „König des Volkes von Ebla" bezeichnete, und später die Keilschrifttafeln des Königsarchivs enthüllten die Bedeutung der vorher aus anderen Quellen zwar namentlich bekannten, nicht aber lokalisierten Stadt, die von 2400–2250 v. Chr. den Norden Syriens beherrschte und schließlich von den Hethitern zerstört wurde. Ein Fund von 20 kg Lapislazuli mag zugleich den Reichtum und die bis ins ferne Afghanistan reichenden Handelsbeziehungen Eblas verdeutlichen.

Die zunächst unbekannte Sprache der mit akkadischen Lettern beschriebenen Tontafeln des Archivs entschlüsselte der unter anderem in Heidelberg ausgebildete Assyrologe Giovanni Pettinato. Zwischen ihm und Matthiae kam es dann zu einem heftigen Streit über die Bedeutung der in den Texten genannten biblischen Orts- und Personennamen, der bald auch politische Wellen schlug: Jüdische Fundamentalisten leiteten daraus ab, die Bewohner von Ebla seien Juden gewesen, während die syrische Seite umgekehrt von einem zionistischen Komplott bei der Entzifferung der Tontafeln sprach und Pettinato keine weiteren Texte mehr zukommen ließ.

Ungeachtet der historischen Bedeutung Eblas ist die Stätte für Laien eher enttäuschend. Ein 30 m breiter und noch immer 20 m hoher *Wall* umfaßte die von etwa 30 000 Menschen bewohnte Stadt. In ihrem Zentrum und zugleich auf der Spitze des Hügels stand der wie alle Gebäude aus Lehmziegeln errichtete *Königspalast* mit dem *Archiv* und den *Gräbern der Herrscher.* Südlich davon wurde ein *Tempelkomplex* freigelegt. Kleinfunde und Keilschrifttafeln sind in den Museen von Aleppo, Damaskus sowie in der nahen Bezirksstadt Idlib ausgestellt.

Wie schon im Westen Aleppos (Route 4) begegnet man auch rund um den *Djebel Zawiye* einer ganzen Reihe verlassener Siedlungen. ***Al-Bara,** die größte „tote Stadt" des Gebiets, war bis ins 12. Jh. Sitz eines Bischofs und wurde von den Kreuzrittern noch mit einem Fort befestigt. Mehrere Kirchen und Klöster, zwei Mausoleen, ungezählte Häuser und eine Ölmühle verlieren sich in den Oliven- und Kirschbaumhainen. Das Ruinendorf ***Serdjilla,** das einst vom Weinbau lebte, liegt am Hang über dem Knie eines ausgetrockneten Flusses. Kinder zeigen die römischen Villen der Landbesitzer, die Hütten der Arbeiter, Stallungen, die Kirche und den Kramladen sowie unten am Fluß die Bäder und das „Café", ein Versammlungshaus der Männerwelt.

Ebla: Dreikammertor vor Resten der Stadtmauer

Das „Café" von Serdjilla

Die Mosaiken der „toten Städte" mit ihren bezaubernden Tier- und Naturszenen wurden im *Bezirksmuseum* (◷ tgl. außer Di 9–13 Uhr, April bis Sept. auch 15–17 Uhr), einem osmanischen Khan in **Ma'arrat an-Nu'man,** zusammengeführt. Die Eroberung Ma'arrats durch die Kreuzritter am 12. Dezember 1098 blieb in der arabischen und türkischen Literatur unvergessen. Daß alle Männer geschlachtet und die Frauen vergewaltigt und in die Sklaverei geführt wurden, mochte noch gewöhnliche Grausamkeit der Zeit sein – daß die vom Hunger geplagten Franken, wie auch die päpstlichen Archive bestätigen, die niedergemetzelten Moslems aßen, war außergewöhnlich.

Seleukos I., den wir schon als Gründer von Dura Europos kennenlernten und der uns am Mittelmeer nochmals begegnen wird, benannte ****Apameia** nach seiner persischen Frau. Die Seleukiden hatten hier ihre 600 Kriegselefanten und 30 000 Kavalleriepferde stationiert, und unter den Römern entwickelte sich Apameia zu der nach Antiochia wichtigsten Stadt der Region.

Apameia

5

Seite 81

Von Osten kommend passiert die moderne Landstraße eine großzügige römische *Villa* und die frühere *Bischofskirche,* um bei einem Kassenhäuschen (🕓 tgl. bis Sonnenuntergang) den antiken *Cardo maximus* zu kreuzen. Diese Hauptstraße Apameias mit ihren etwa 400 wiederaufgerichteten Säulen war stolze 1,8 km lang und 37,5 m breit. Mit dem Bau der heute noch erhaltenen Kolonnaden wurde 115 n. Chr. am Nordtor begonnen. Über Jahrzehnte wuchsen sie Zug um Zug nach Süden, so daß ein Spaziergang entlang des Cardo auch eine Zeitreise durch die wechselnden Moden des römischen Säulenbaus ist.

Der besonders prunkvolle Mittelabschnitt besitzt spiralförmig kannelierte Säulen und Fragmente eines üppig geschmückten Gebälks. Hier befanden sich die vornehmsten Geschäfte der Stadt wie etwa die Weinhandlungen – Apameias Spezialität war ein mit Honig versetzter Rebensaft.

5

Seite 81

Nahe dem Kassenhäuschen liegen linker Hand der Kolonnadenstraße die *Agora* und der von den Christen zerstörte *Zeustempel,* dessen Orakel bis ins ferne Gallien gerühmt wurde. Septimius Severus, der den Rat des Orakels suchte, Caracalla, der auf der Rückreise von Ägypten vorbeischaute, und Julian Apostata, der letzte nichtchristliche Kaiser, erwiesen dem Zeus Belos ihre Reverenz.

Noch immer am Cardo, wenige Schritte südlich der Landstraße, findet sich eine *Rundkirche* und, ihr gegenüber in Richtung der Cafeteria, die *Atriumskirche* von Cosmas und Damian, den Patronen der Ärzte und Apotheker. Diese wurde über einer Synagoge errichtet, deren Mosaikboden im Königlichen Museum zu Brüssel zu sehen ist.

Unmittelbar hinter Apameia fällt die Hochebene steil zum Orontes ab. Den Abstieg, vorbei an Syriens größtem, jedoch als Steinbruch geplündertem *Theater,* bewacht eine *Zitadelle.* Längst haben Bauern die zuletzt im 11. Jh. gegen die Kreuzritter aufgerüstete Feste in Beschlag genommen. Unten im modernen, etwas gesichtslosen und überaus staubigen Dorf **Qal'at al-Mudiq** beherbergt ein osmanischer Khan das *Museum* (🕓 tgl. außer Di 8–16 Uhr) von Apameia. Neben den Grabstelen – auffallend viele Tote waren Soldaten – gefallen besonders die Mosaiken. Die „Nereiden" zeigen einen mythischen Schönheitswettbewerb zwischen Kassiopeia und der Meeresgöttin Thetis. Die Reihe der heidnischen Motive endet zeitlich mit einer Darstellung des antiken Philosophen Sokrates in einer an Christusbilder erinnernden Haltung. Dieses Mosaik wurde vermutlich unter dem letzten römischen Kaiser Julian Apostata, der die alten Kulte noch einmal wiederzubeleben versuchte, im Boden der Bischofskirche montiert.

Vor der Kanalisierung (um 1970) war die **Ghab,** die Ebene im Mittelabschnitt des Orontes, ein feuchtes Sumpfland, dessen Fische so geschätzt wie seine Stechmücken gefürchtet wurden. Noch in historischer Zeit lebten in der Ghab sogar Elefanten. Der ägypische Pharao Thutmosis III. erholte sich hier bei der Jagd auf die Dickhäuter von seinen Feldzügen, und Hannibal richtete seine Kriegselefanten ab. Gerade in der Ghab fällt der Kontrast zwischen den vernachlässigten, eher ärmlichen Dörfern der Sunniten am Ostrand und den properen Anwesen der Alawiten auf der Westseite ins Auge. Hier, wo der Djebel Ansariye schon am späten Nachmittag seinen Schatten wirft, sind die Straßen auf beinahe schwäbische Art sauber, manchmal gar Vorgärten mit Blumen angelegt und die Menschen gepflegter gekleidet – Unterschiede, die sich allein aus der Religion ebenso schwer erklären lassen wie aus dem Wohlwollen, das die Alawiten-Minderheiten staatlicherseits genießen.

Am Hang des **Djebel Ansariye** bilden Eichen, Ahornbäume und in den Höhen schließlich Tannen den größten zusammenhängenden Wald Syriens. Als – besonders vor gefräßigen Ziegen

ROUTE 5
0
30 km
N
Antakya
Harbıye
Samandağ
Asi Nehri
TÜRKEI
Djebel al-Aqra
1728
Ras al-Basit
ad-Dana
Aleppo
Urma as-Sughra
Qalb Loze
Killi
Deir ez-Zor
Qinnasrin
Idlib
Qanayah
643
Djebel Zawiye
Jisr ash-Shugur
Antha
Tell Mardikh
Ebla
Aleppo
Abuad Quhur
Qal'at Salah ad-Din (Burg Saladins)
Slenfeh
Qal'at Burze
al-Bara
Idlib
Ugarit
Latakia
Qal'at Salah ad-Din
Kafr Nabil
Serdjilla
Ma'arrat an-Nu'man
Wadi Madrasah
Qal'at al-Madiq
Apameia
Khan Sheikhun
al-Hamdaniyah
Jablah
Latakia
DJEBEL ANSARIYE
Ghab
Ayn ash-Sharqiyah
Sheizar
Hama
Qasr Ibn Wardan
Tal Salhab
Banyas
Hama
Qal'at Marqab
Mesyaf
MITTELMEER
Orontes
Salamiyah
Tartus
Tartus
Arwad
Amrit
Safita
Qal'at al-Husn (Krak des Chevaliers)
Homs
Homs
Buhayrat Qattinah
Furqlus
SYRIEN
Tripoli
Qusayr
Hisyah
DJEBEL LUBNAN
LIBANON
Hawarin
al-Qaryatayn
al-Aqurah
Qarah
Deir Mar Musa al-Habashi
DJEBEL LUBNAN ASH-SHARQI
Juniyah
Baalbek
Nabek
BEIRUT
Zahle
Damaskus
Ma'lula
Babrat al-Mallahah
al-Biqa
az-Zabadani
at-Tall
ad-Dmair
Duma
DAMASKUS
as-Safa

5

Seite 81

und anderen Weidetieren – geschütztes Reservat hat unter der Pflege der Forstverwaltung auch der Bergwald bei **Slenfeh** (Slonfe) überlebt und das Dorf zu einer beliebten Sommerfrische gemacht, in der sich reiche Syrer und sogar Saudis ihre Sommervillen hingestellt haben. Wer keinen Pullover dabeihat, friert selbst im Juli abends in den Freiluftlokalen.

Ⓗ **Grand Hotel,** ☎ (041) 75 06 06, geöffnet 15. Juni bis 15. September. Zwar ist der Glanz jener Tage, da Charles de Gaulle hier übernachtete, längst verblichen – doch ist das Hotel noch immer das beste am Ort. $$

Ⓡ **Silk Road** (Tariq al-Harir), am nördlichen Ortsrand. Ein Gartenlokal mit Schwimmbad. $
Muntazat at-Tanur („Lehmofenhain"). Ausflugslokal in einem lauschigen Hain unterhalb des Dorfes. $

5

Seite 81

Die stark gefaltete, von tief eingekerbten Schluchten zerrissene Meerseite des Gebirges zeugt von der Mühsal des Bauernlebens: Wo immer sich ein wenig Platz bot, wurden den steilen Hängen schon im Altertum Terrassenfelder abgerungen und mit Getreide oder Olivenbäumen bepflanzt. Auf den Höhen weiden Ziegen und Schafe und verbeißen das schüttere Grün.

****Qal'at Salah ad-Din** (auch Qal'at Sahyun, ⏲ tgl. außer Di 9–16, April bis Sept. bis 18 Uhr), die Burg Saladins, bewachte einst von einem Felssporn aus eine mittelalterliche Straße zwischen Aleppo und Latakia. Die schmale Schlucht, die den Burgberg vom Hauptmassiv trennt, wurde nicht etwa von einem reißenden Gebirgsbach ausgespült, sondern von Menschenhand aus dem Fels geschlagen. In der Mitte beließen die Baumeister eine Felsnadel, höher als alle ägyptischen Obelisken, um die über den Graben gespannte Zugbrücke abzustützen. Mit Saladin hat die Festung nicht mehr zu tun, als daß er sie 1188 eroberte. Das wuchtige, gut erhaltene Gemäuer geht auf den Kreuzritter Robert von Saône und seinen Sohn William zurück. Gleich hinter dem Eingang errichteten die Mamluken eine Moschee, ein Badehaus und einen herrschaftlichen Saal. In den Gewölben der wehrhaften Türme über dem Burggraben zeugen Steinschleuder-Kugeln von alter Waffentechnik. Am Übergang zur Vorburg lädt eine Cafeteria zur Rast ein.

Palmengesäumte Boulevards und ein großzügiger Stadtpark stiften **Latakia** (al-Ladhiqiye, 320 000 Einw.) mediterranes Flair. An historischen Bauten hat die quirlige Hafenstadt allerdings nur einige *römische Säulen* und ein *Tetrapylon* anzubieten. Latakia ist eine Gründung von Seleukos Nikator, der uns auch als Erbauer von Apameia und Dura Europos begegnete. Die Stadt stand lange im Schatten anderer Küstenorte. Erst mit der Unabhängigkeit Syriens entwickelte es sich zum maßgeblichen Hochseehafen des Landes. Das in einem osmanischen Khan an der Corniche untergebrachte *Museum* (⏲ tgl. außer Di 8–14 Uhr, im Sommer bis 17 Uhr) bereitet auf den Besuch der Ausgrabung von Ugarit vor, und der *Blue Beach* um das mondäne Meridien-Hotel im Norden der Stadt bietet einen Vorgeschmack auf die schönen Strände von Ras al-Basit.

ℹ Am Nordende der Sh. 14. Ramadan, ⏲ tgl., außer Fr 9–17 Uhr, ☎ (041) 23 98 61.

Ⓗ **Riviera,** gegenüber der Tourist-Information und nahe dem Busbahnhof, ☎ 22 18 03, FAX 22 63 15. Besser eingerichtet, als es das Äußere verspricht. $$
Palace, am Nordende der Corniche, ☎ 23 85 55, FAX 22 82 80. Zimmer mit Meeresbrise und Blick auf den Hafen, ein Reisebüro im Haus vermittelt Ausflüge und Mietwagen. $$

Ⓡ **Al-Dar,** Sh. al-Mutanabi. Europäische und orientalische Küche in schickem Ambiente und zu den Klängen einer Kapelle, die erst weit nach Mitternacht ihre Instrumente einpackt. $$

Spiro, Corniche. Ein volkstümliches Fischlokal. $

Qal'at Salah ad-Din, die Saladinsburg

Am Eingang der Grabung von **Ugarit** (Ras Shamra) verkaufen Souvenirhändler das mit Abstand originellste Mitbringsel aus Syrien: Tonstäbchen mit dem in Keilschrift eingeritzten Konsonantenalphabet von Ugarit. Die Gelehrten streiten, ob sich aus dieser oder der etwas jüngeren, ägyptisch beeinflußten Schrift von Byblos die maßgeblichen Alphabete der Alten Welt entwickelten: neben der griechischen, kyrillischen und lateinischen Schrift, die wir heute benutzen, auch das arabische, hebräische, aramäische und sogar äthiopische Alphabet.

Aus einem bescheidenen Dorf entwickelte sich Ugarit unter den Kanaanitern, den Vorfahren der Phönizier, um die Wende zum 2. Jahrtausend v. Chr. zum politischen und kommerziellen Zentrum Nordsyriens. Zusammen mit dem konkurrierenden Byblos monopolisierte der Stadtstaat den Import des für die Metallverarbeitung unverzichtbaren Kupfers.

Ein Grabverschlußstein im Museum von Tartus

Die Tontafeln aus den Archiven überliefern neben Verwaltungsakten und diplomatischen Korrespondenzen auch Gedichte und schließlich das Ende Ugarits: Im letzten Brief warnt der Herrscher seinen Kollegen auf Zypern vor den „Seevölkern". „Sieben feindliche Schiffe sind vor der Küste aufgetaucht und haben viel Unheil angerichtet. Sollten noch mehr feindliche Schiffe unterwegs sein, informieren Sie mich bitte." Doch zu spät, die Seevölker, woher auch immer sie kamen, waren schneller, und die Depesche verließ nicht mehr die Stadt.

Imposant: die Kreuzritterburg Qal'at Marqab

Man betritt die Ausgrabung heute neben dem alten *Stadttor* und trifft gleich rechts auf die Ruinen des *Palasts*, der auf einem Hektar Grundfläche 90 Räume um fünf Höfe umfaßte, dazu auf der Ostseite einen Garten. Durch ein

5

Seite 81

Wohnviertel gelangt man auf die Akropolis mit den *Tempeln* des Baal und seines Vaters Dogon, des Gottes der Unterwelt.

Vor dem Hintergrund des 1728 m hohen Djebel al-Aqra, des heiligen Bergs der Antike, schmiegt sich der Ferienort **Ras al-Basit** ans Meer. An der langgezogenen, von Pinienwäldern gesäumten Bucht mit ihrem fast schwarzen Sandstrand verbringt die syrische Mittelschicht ihren Sommerurlaub in Ferienheimen der Betriebe oder Berufsverbände. Abends trifft man sich mit Freunden und der Familie auf der Terrasse des gemieteten Bungalows.

Ⓗ Ⓡ **As-Siyahi** (Tourist), ☎ (041) 42 96 67. Das einzige Hotel am Ort ist gleichzeitig das beste Restaurant, liegt gerade 100 m vom eigenen Strand und wird vom Gewerkschaftsbund geführt. $)

5

Seite 81

Über dem Erdölhafen Banyas erhebt sich auf einem lange erloschenen Vulkan ****Qal'at Marqab** (🕓 tgl. außer Di 9–16 Uhr, im Sommer bis 18 Uhr). Die Ähnlichkeit der riesigen Festung mit dem südfranzösischen Carcassonne ist kein Zufall: Carcassonne wurde im 13. Jh. nach dem Vorbild dieser Kreuzritterburg umgestaltet. Saladin bemühte sich gar nicht erst, die zu seiner Zeit von den Johannitern besetzte Qal'at Marqab zu belagern – sie schien ihm uneinnehmbar. Erst Sultan Qalaun eroberte 1285 mit Hilfe riesiger Katapulte und Flammenwerfer sowie zahlreicher Minenstollen die zuletzt von nur noch 25 Rittern verteidigte Burg. Weiße Marmorbänder in der sonst dunkelgrauen Basaltmauer zeigen den Bereich, in dem der von den Muslimen unter die Befestigung getriebene Tunnel diese schließlich zum Einsturz brachte. Qalaun ließ die zerstörten Mauern erneuern. In der Sakristei der Burgkapelle wurden jüngst unvollendet gebliebene Fresken der Apostel freigelegt.

Noch 1282 hatte Qalaun die Stadt **Tartus** (Tortosa) dem Templerorden als „ewigen Besitz" zugestanden; diese Ewigkeit währte gerade neun Jahre, dann verloren die Ritter auch Tortosa. Sie hinterließen eine inzwischen weitgehend überbaute *Zitadelle* und die **Kathedrale Notre Dame,* die heute ein archäologisches *Museum* (🕓 tgl. außer Di 9–16 Uhr, Sommer bis 18 Uhr) beherbergt. Das Museum mit seinem schönen Garten wirkt etwas vernachlässigt, wie ein unaufgeräumtes Magazin. Ungewöhnliche Exponate sind die phönizischen Sarkophage aus Stein oder Ton mit den Porträts der Verstorbenen. Die Kirche steht, so die Überlieferung, an der Stelle einer römischen Kapelle, die mit einem wundertätigen, vom Evangelisten Lukas gemalten Marienbild ausgestattet war. Der Neubau wurde 1123 begonnen und erst im 13. Jh. vollendet. Verglichen mit den gotischen Kathedralen Zyperns wirkt Notre Dame sehr bescheiden: ein festungsartiger, gedrungener Bau mit kleinen Fenstern und Schießscharten; keine himmelwärts strebenden Kreuzrippengewölbe, sondern ein altertümliches, auf Gurtbögen ruhendes Tonnendach, so als ducke sich die Kirche in der Vorahnung, daß den Rittern eben keine Ewigkeit im Heiligen Land beschieden war.

ℹ Sh. Khalid Ibn al-Walid, ☎ (043) 22 34 48, am Nordrand der Altstadt.

Ⓗ **Grand Hotel,** im Süden der Corniche, ☎ 22 54 75. Die fliederfarbenen Zimmer wurden 1996 teilweise frisch renoviert und mit Klimaanlage, Minibar und TV ausgestattet. $)

Ⓡ **The Cave,** an der Uferpromenade. Ansprechend eingerichtetes Fischlokal in einem alten Gewölbe. $)
Ash-Shabiba, am Südende der Corniche. Ein volkstümlicher Teegarten direkt am Wasser. $

Immerhin noch elf Jahre länger als Tartus hielten die Franken das vorgelagerte Eiland **Arwad.** Ohne lange Wartezeiten setzen tagsüber Kutter von Tartus auf die einzig bewohnte Insel vor der syrischen Küste über. Am Freitag, dem syrischen Wochenende, stürmen Ausflügler die Restaurants am Hafen und drängen sich an den Souvenirständen mit Muschelnippes vorbei durch die engen, autofreien Gassen. Leider ist das pittoreske Städtchen einer der schmutzigsten Orte Syriens.

Arwad gehörte mit Tyros, Sidon, Beirut und Byblos zur Kette der phönizischen Handelsstädte, wurde später aber von seiner Kolonie **Amrit** überflügelt, deren Ruinen auf dem Festland 7 km südlich von Tartus zu finden sind. Im *Quellheiligtum des Melkart* quaken die Frösche für den längst aus seiner Nische verschwundenen Gott.

Von dem Friedhof Amrits blieben die verwitterten *Maghazil,* zwei phallus-

Einer der Grabtürme von Amrit

Warum die Ritter Burgen bauten

In den gerade 200 Jahren, in denen die Kreuzritter den Orient beherrschten, bauten sie vom Roten Meer bis hinauf in die Türkei wenigstens 50 Burgen. Warum dieser Aufwand, den die Muslime offenbar nicht nötig hatten?

Abgesehen von der schon 1146 verlorenen Grafschaft Edessa hielten die Kreuzfahrer einen 700 km langen, aber nur etwa 100 km breiten Küstenstreifen besetzt. Die bevölkerungsreichen Städte des Hinterlandes wie Aleppo, Hama und Homs waren alle in moslemischer Hand geblieben – rechnet man noch Kurden und Ägypter dazu, ein schier unerschöpfliches Reservoir an Kriegern. Die Franken dagegen litten an chronischem Personalmangel. Sie konnten in ihren besten Tagen gerade 2500 Reiter aufbieten, von denen der größte Teil, sobald ein Kreuzzug beendet war, nach Europa zurückkehrte. Auf die einheimischen Untertanen, selbst die Christen, war kein Verlaß – die Orthodoxen betrachteten die katholischen Franken nicht als Befreier, sondern als fremde Herren.

Aus diesm Grunde mußten die Ritter sich verschanzen und mit Befestigungen das wettmachen, was ihnen an Kriegern fehlte. Dabei waren die Burgen über ihren militärischen Zweck hinaus auch feudale Gutshöfe, die die abhängigen Dörfer aussaugten: Vieh, Getreide, Wein – alles, was das Land über das nackte Existenzminimum der Bauern hinaus produzierte, floß in den Unterhalt der Burgen (deren Mauern natürlich nicht die Ritter selbst, sondern die zum Frondienst gezwungenen Dörfler aufschichteten), in den Lohn der Hilfstruppen und während der Spätphase in die Schutzgelder, die die Ritter an muslimische Herrscher zahlten.

Auch bis aufs letzte ausgeplündert vermochte das Land die Besatzungskosten nicht zu erwirtschaften. Als die Hilfe aus Europa ausblieb und die venezianischen und genuesischen Händler im direkten Handel mit den Muslimen weit mehr verdienen konnten als mit den Rittern, waren die Kreuzfahrerstaaten am Ende.

5

Seite 81

förmige Türme (5./4. Jh. v. Chr.), über unterirdischen Kammergräbern erhalten.

In einer Hügellandschaft mit Terrassenfeldern und Olivenhainen thront das von Christen und Alawiten bewohnte Städtchen **Safita.** Zwischen den Veranden und Dachterrassen leuchtet hier und da ein Walmdach in keckem Ziegelrot. Der Stumpf eines Bergfrieds krönt das Ensemble. Vielleicht bewahrte die Kapelle des heiligen Michael im Erdgeschoß den Turm vor der Demontage, die allen anderen Mauern des *Castel Blanc* widerfuhr. Über der Kapelle hielten die fränkischen Ritter in einer weiten Pfeilerhalle ihre Versammlungen ab und feierten Feste.

5

Seite 81

🏨 **Safita Cham,** ☎ (032) 52 59 80. Eine gut geführte und zugleich familiäre Luxusherberge – normalerweise ist nur ein Bruchteil der 80 Zimmer belegt. $$
Burdj Safita, ein einfaches Haus am östlichen Ortsausgang. Einige Zimmer mit Bad; ohne Frühstück. $

Ⓡ **Al-Qanatir,** an der Hauptstraße im Zentrum. Alteingesessenes Lokal mit reicher Auswahl an Vorspeisen und Grillgerichten. $$
Al-Burdj, gleich neben dem Bergfried. Cafeteria und Restaurant mit schöner Aussicht (Sonnenuntergang!) und gutbürgerlich-orientalischer Küche. $

Majestätisch bewacht der **** Krak des Chevaliers** (Qal'at al-Husn, 🕓 Sommer Mi–Mo 9–17 Uhr, Winter 9–16 Uhr) von seinem Bergrücken herab die Pforte von Homs. Syriens am besten erhaltene Kreuzritterfeste wurde ab 1142 von den Johannitern angelegt, die damit eine ältere arabische Burg ersetzten. Nach der kampflosen Übergabe des Krak an die Mamluken (1271) wurde es erneut befestigt und zuletzt in der Mandatszeit behutsam erneuert, als die Franzosen die inzwischen in die Feste eingezogenen Bauern in das Dorf zu Füßen der Burg umsiedelten. Anders als die übrigen syrischen Burgen hält der Krak auch aus der Nähe, was er von fern verspricht: Er ist keine Ruine und kein überrestauriertes Touristenschaustück, sondern eine originale Burg, in der sich die Johanniter auch heute noch zu Hause fühlen würden. T. E. Lawrence feierte ihn als die schönste Burg der Welt.

Die schwächste Stelle des Krak, wo etwaige Angreifer sich von Süden her im Schutz des Bergrückens bis auf einen Kilometer unbeobachtet der Burg nähern und diese von oben herab beschießen konnten, wurde von den Mamluken mit neuen Bastionen und einem Vorbau verstärkt. Ein Aquädukt brachte hier Wasser in die Zisternen der Burg. Wer die äußere Mauer überwand, hatte noch einen Wassergraben und die zweite, an der Basis bis 25 m starke Mauer der inneren Burg vor sich. Letztes Refugium der Verteidiger war schließlich der Bergfried, in dessen Obergeschoß der Großmeister residierte und in dessen Keller die Lebensmittel gelagert wurden.

Doch der Krak war mehr als ein reiner Wehrbau. Mit der Kapelle, dem Bankettsaal und vor allem dessen Vorhalle schufen die Baumeister feine Kreuzrippengewölbe mit filigranem Fenstermaßwerk, wie man sie von den gotischen Kathedralen Frankreichs her kennt.

🏨 **Al-Wadi,** an der Straße zum Georgskloster, ☎ (031) 73 04 56, 📠 73 03 99; der Neubau mit Schwimmbad, Tennisplatz und großzügiger Lobby wird besonders von Reisegruppen besucht. $$
An-Na'im, an der Straße zum Georgskloster, ☎ 73 04 22. Das Haus mit dem besten Preis-Leistungsverhältnis wurde 1996 neu eröffnet; mit Burgsicht und Restaurant, die Bäder dezent hinter Schranktüren versteckt. $

Ⓡ **La table ronde.** 100 m hinter der Burg wird ein üppiges Mittagsbuffet serviert, bei dem auch Vegetarier auf ihre Kosten kommen. $$

Wer noch eine weitere Burg erleben möchte, unternimmt von Krak aus einen Abstecher nach **Mesyaf** (🕓 tgl. außer Di 9–16 Uhr, im Sommer bis 18 Uhr). Die wenig befahrene Panoramastraße hält sich am Rande eines langgezogenen Tals und bietet herrliche Ausblicke. 1103 setzten sich die syrischen Assassinen in Mesyaf fest und spielten Franken und sunnitische Moslems mit tödlichen Folgen gegeneinander aus. Zu den prominenten Opfern ihrer Attentate zählen der sunnitische Kadi von Aleppo wie auch der katholische Erzbischof von Jerusalem. Als Saladin 1176 Mesyaf belagerte, wurden seine sieggewohnten Soldaten von Dschinnen und Ghuls (Geistern) geplagt, den Sultan selbst quälten üble Träume. Als er eines Morgens im Zelt neben der Bettstatt gar einen vergifteten Dolch, einen drohenden Koranvers und einen der den Assassinen zugeschriebenen Haschischkuchen fand,

Blick über Safita

Der Krak des Chevaliers

5

Seite 81

Die Haschischesser und der Alte vom Berge

Hätte es die Assassinen („Haschischesser") nicht tatsächlich gegeben, der Westen hätte sie erfinden müssen – so wunderbar scheinen sie das Klischee vom moslemischen Fanatiker zu erfüllen: skrupellose, bedingungslos gehorsame, mit Drogen aufgeputschte Selbstmordattentäter, die das eigene Leben nur zu gern riskieren, um ins Paradies einzugehen.

Kreuzritter und arabische Chronisten stehen einander mit Schauergeschichten um die Assassinen in nichts nach. Die Wahrheit über das Leben in dieser Sektengemeinschaft wird wohl auf immer hinter dem Schleier der Schreckensmärchen verborgen bleiben.

Die ismailitische Sekte entstand im 10. Jh. anläßlich eines Thronfolgestreits in Ägypten – ihr Gründer Hasan Ibn Sabbah stand auf der Seite Nizars, der seinem Bruder Musta'li unterlag. Eine Handvoll Nizari, wie die Assassinen sich selbst nannten, flohen nach Persien und ließen sich auf dem Felsen Alamut nieder, nach dem ihr Großscheich später Sheikh ad-Djebel („der Scheich vom Berg") hieß. Ende des 11. Jhs. tauchten sie als militanter Missionsorden in Syrien auf, wo sich der Seldschukensultan Ridwan ihrer in der Vendetta gegen seinen Schwiegervater Djenah ad-Daula bediente. Nach dem Tod des von Feinden ebenso bewunderten wie gefürchteten syrischen Scheichs Rashid ad-Din Sinan (1163 bis 1193), den die Franken offenbar in Verwechslung mit dem Alamuter Großmeister „den Alten vom Berge" nannten und der ein ebenso brillanter Mystiker wie Stratege war, verloren die Assassinen an Einfluß. Alamut wurde 1260 von den Mongolen eingenommen; das den Johannitern tributpflichtige Kleinreich um die zehn Assassinenburgen im Djebel Ansariye unterlag 1273 dem Mamlukensultan Baibars.

verließen den großen Staatsmann und Krieger die Nerven. Er bat brieflich um Vergebung und freien Abzug und zog sich, offenbar „begnadigt", eilends nach Kairo zurück.

Hama (200 000 Einw.) versteckt sich an einem Knie des Orontes, der sich hier tief in die eintönige Ebene eingegraben hat. Europäer, die im 19. Jh. nach Hama kamen, zeigten sich vom Stadtbild mit seinen aus wechselnden Lagen schwarzer und weißer Steine gefügten Häusern, Khanen und Moscheen begeistert, beschrieben die Menschen aber als rückständig, konservativ und fremdenfeindlich. Bis in die achtziger Jahre war Hama, in dem vier alteingesessene Geschlechter das Sagen hatten, eine Hochburg der sunnitischen Reaktion – die Regierung schlug im Februar 1982 eine offene Rebellion mit brutaler Gewalt nieder. Bei diesen Kämpfen, die einige tausend Menschen das Leben kosteten, wurden auch die schönsten Teile der Altstadt schwer beschädigt; eben jenes Viertel am Fluß, wo die Honoratioren wohnten. Niemand spricht gerne über diesen Zwischenfall, der als Makel bis heute auf Hama lastet.

5

Seite 81

Von ihrer schönsten Seite zeigt sich die Stadt bei einem Uferspaziergang, wo das Plätschern des Orontes vom Knarren und Ächzen der 15 ** *Norias* (Wasserräder) übertönt wird. In längst vergangenen Tagen nutzten sie die Strömung des Flusses, um Wasser in höher gelegene Kanäle zu schöpfen – heute besorgen dies Motorpumpen, und die Wasserräder sind wohlbehütete Touristenattraktionen. Stacheldraht und Wächter halten die Halbwüchsigen fern, die sich hier früher in waghalsigen Sprüngen übten – nur an den „Vier Norias" am östlichen Stadtrand unterhalten sie gelegentlich noch ein dankbares Publikum. Liebhaber Hamas rühmen das Getöse der an gewaltige Uhrwerke erinnernden Norias als melodischen Gesang, doch die Verwandtschaft ihrer arabischen Bezeichnung „Na'ura" mit dem Dialektwort für Jaulen kommt der Sache näher.

Die mittelalterliche *Zitadelle* wurde aller Steine beraubt; heute befindet sich an ihrer Stelle ein Park. Auch die Altstadt ist vergleichsweise arm an Sehenswürdigkeiten. Zu nennen sind die Moscheen *Abu al-Fida'* (14. Jh.), deren Stifter sich als Historiker und Geograph einen Namen machte, und *an-Nuri* (12. Jh.) mit einem schwarzweißen Minarett und einem hübschen Wasserbecken im Hof. Die Holzdecken im Obergeschoß des * *al-'Azm-Palastes* (1740/1780, ⌚ tgl. außer Di 8–13, 15 bis 17 Uhr) zeigen noch immer Spuren der Kämpfe von 1982.

Das im Haus untergebrachte *Museum* präsentiert in der Folkloreabteilung eine amüsante, mit lebensgroßen Puppen nachgestellte Badeszene. Glanzstück der archäologischen Abteilung ist das aus dem Speisesaal einer spätantiken Villa geborgene „Musikantinnenmosaik", auf dem auch eine frühe Wasserorgel *(hydraulis)* dargestellt ist. Bei diesem von einem alexandrinischen Mechaniker aus einer übergroßen Panflöte

Drei Frauen und fünf Kaiser

Von 193–235 bestimmten drei Homser Frauen die Geschicke des Römischen Weltreichs. Julia Domna aus der Priesterdynastie des in Homs als Sonnengott verehrten Baal heiratete 187 den General und späteren Kaiser (193–211) Septimius Severus. Edward Gibbon, frauenverachtender Autor des sechsbändigen Mammutwerks „Verfall und Untergang des römischen Reiches", gesteht ihr außer Schönheit auch Willensstärke und „für ihr Geschlecht seltene Urteilskraft" zu. Nach dem Tode des Septimius Severus verhinderte Julia Domna die von ihren Söhnen Geta und Caracalla geplante Teilung des Reiches – doch Caracalla mochte den Thron nicht teilen und brachte Bruder Geta samt dessen Gefolgsleuten um. Als 217 auch Caracalla von Soldaten gemeuchelt wurde, atmeten die Römer er-

entwickelten Vorläufer der Kirchenorgel wurde der Luftstrom nicht durch einen Blasebalg, sondern durch Wasserdruck erzeugt. Kleine Orgeln, wie auf dem Mosaik, wurden von den Römern bei der Hausmusik geschätzt; Instrumente mit mehreren Registern kamen im Theater und sogar in der Arena zum Einsatz, wo sie das Getöse der Tierkämpfe untermalten.

Den historisch bedeutsamsten Fund aus Hama sucht man im Museum vergebens. Als der Schweizer Abenteurer Johann Ludwig Burckhardt (1784–1817) in der Verkleidung eines indo-arabischen Scheichs mit Namen „Ibrahim Ibn Abdullah" 1812 in Hama weilte, fiel ihm ein mit unbekannten Zeichen beschriebener Steinblock auf. Er erwies sich als eine hethitische Abschrift des Friedensvertrags, den Ramses II. und sein Gegenspieler Hattuschili nach der bei Homs geschlagenen Schlacht von Qadesh abgeschlossen hatten. Heute ist er im Altorientalischen Museum von Istanbul ausgestellt.

Zwei der Wasserräder von Hama, Reste eines alten Bewässerungssystems

Ma'lula

5

Seite 81

leichtert auf – die Dynastie der Homser „Beduinenkaiser" schien am Ende.

Es sollte anders kommen. Aus Homs zettelte Julia Maesa, die Schwester der Julia Domna, 218 eine weitere Revolte an, die den 14jährigen Marcus Antonius Elagabalus als angeblichen Sohn Caracallas auf den Thron hievte. Der neue Kaiser erzürnte sogleich die Honoratioren, indem er den Homser Sonnenkult als Staatsreligion zu etablieren versuchte. Bald widmete er sich nur noch Gelagen und seinem Sexualleben. Überliefert ist ein von Elagabulus veranstalteter „Kongreß" aller römischen Liebesdienerinnen, auf dem der Kaiser, selbst Transvestit, sich die beruflichen Praktiken der Hetären und Huren vorführen ließ.

Elagabalus wurde unerträglich, und die Prätorianer begannen zu grummeln. Man weiß heute nicht mehr, ob der Homser Clan unter Vorsitz der Julia Maesa ein förmliches Todesurteil fällte. Jedenfalls wurde der wahnsinnige Kaiser im Jahre 222 bei einem Streit mit seiner Tante Mammaea und Vetter Severus Alexander von deren Gefolgsleuten in einer Latrine, wo er sich zu verstecken suchte, erschlagen. Den geköpften Körper verfütterte Nachfolger Severus Alexander an die Zirkuslöwen. Mit Alexander und Mammaea im Hintergrund wurden die Zeiten ruhiger und die Politik seriöser. Beide wurden jedoch 235 bei Mainz(!) von einem gewissen Maximinus umgebracht, einem „wilden thrakischen Bauern", dem Septimius Severus einst zu einer Militärkarriere verholfen hatte. Damit schloß sich der Kreis der Gewalt und endete die Dynastie der Homser Kaiser.

ⓘ Sh. Djamal Abd an-Nasir, am Rande des Stadtparks, ☎ (033) 22 36 01, ⏲ tgl. außer Fr 9–17 Uhr.

🚌 Einige Fernbusse halten am Ufer gegenüber dem Stadtpark. Das Busterminal befindet sich in der Sh. Murabet, 1 km stadtauswärts.

Ⓗ **Apamée Chams,** Djisr ar-Rais, gegenüber der Nuri-Moschee, ☎ 22 74 29, FAX 51 16 26. Luxusklasse, die keine Wünsche offen läßt. $$$
Noria, Sh. Quwatli, ☎ 51 24 14, FAX 51 17 15. Das ruhige, saubere und gepflegte Hotel bietet vom Obergeschoss eines Hochhauses einen Panoramablick über die Stadt. $$
Al-Qahira, ☎ 22 22 80, Sh. Quwatli, nahe dem Uhrturm. Der einfache, doch saubere Touristentreff steht unter derselben Leitung wie das Noria. Zimmer teilweise mit Kühlschrank und Fernsehen; bei Bedarf gibt es auch Schlafplätze auf dem Dach. $

Ⓡ **Bustan,** bei den Vier Norias. Ein nettes Gartenlokal für Leute, die sich auch einmal anschweigen können, ohne dies peinlich zu finden – der Lärm der Wasserräder macht jedes Gespräch zur Qual. Alkoholfrei. $$
Ar-Rauda, Sahat al-Asi, im Zentrum am Fluß, mit Blick über den Stadtpark und die Norias. Alkoholfrei. $
Sultan, Hayy al-Bashura. Ein kleines, beinahe intimes Lokal im früheren Krankenhaus der Nuri-Moschee; mit Blick auf eine Noria. Ebenfalls alkoholfrei. $

5
Seite 81

Eine Autostunde nordöstlich von Hama wächst, einer Fata Morgana gleich, das exotische und fotogene Wüstenschloß ***Qasr Ibn Wardan** aus dem großen Einerlei der Steppe. Eine Bauinschrift datiert es in die Zeit Justinians (6. Jh.), und es war wohl die Kaserne einer Truppe, die die Beduinen in Schach hielt. Die im Wechsel mit anthrazitfarbenem Basalt und rotbraunen Ziegeln gebaute Kirche (eine der wenigen Ziegelkuppeln Syriens) und das „Stabshaus“ nehmen das 600 Jahre später in Syrien so beliebte Bänderdesign der Fassaden vorweg; Fensterlaibungen aus hellem Kalkstein betonen die Geometrie. In den Quellen findet sich keinerlei Hinweis auf das Qasr, von dem man angesichts seiner Pracht meinen könnte, es sei für den Kaiser höchstpersönlich errichtet worden.

Eilige Autofahrer können auf der neuen Umgehungsstraße getrost einen Bogen um die Industriestadt **Homs** (500 000 Einw.) machen. Wen es dennoch in die Stadt verschlägt, dem seien als Sehenswürdigkeiten die spätosmanische *Khalid-Ibn-al-Walid-Moschee* (1908–1913) und die Apsisfresken (13. Jh.) der Kirche *Mar Elian* empfohlen. Die neuen, von rumänischen Künstlern gemalten Wandbilder im Schiff erzählen die Lebensgeschichte des Heiligen, der allein in Homs verehrt wird.

Nach einer Pistenfahrt und einem sich anschließenden halbstündigen Fußweg erreicht man von Nabek aus das verlassene Kloster ***Deir Mar Musa al-Habashi** (Patronatsfest am 28. August). Die jüngst auf Initiative eines italienischen Jesuitenpaters restaurierte Klosterkirche birgt kostbare Fresken (12. Jh.) und mit der Aussicht auf die Wüste hinunter auch ein herrliches Landschaftserlebnis.

Bevor man sich auf den Weg macht, muß man sich noch den Schlüssel des Klosters beim Pfarrer von Nabek abholen.

Am Rande der sonnenverbrannten Hochebene, deren ockergelbes Einerlei nur hier und da von ein paar knorrigen Weinstöcken aufgelockert wird, erscheint der Talkessel von **Ma'lula** als ein kleines Paradies. Hinter Gärten und Obsthainen (den häßlichen Neubaugürtel übersehe man höflich) ziehen sich wie die Ränge eines römischen Theaters die Häuschen von Syriens schönstem Dorf den Berg hinauf. Als weiße, blaue und sandfarbene Würfel füllen sie jede Nische im Fels, bis der Steilhang den Halt verweigert.

Wer an der Gabelung im Zentrum den rechten Weg wählt, landet auf einer Terrasse zu Füßen des von griechisch-orthodoxen Nonnen gehüteten Grabes der heiligen Thekla. Als junge Frau von Paulus bekehrt und jeden irdischen Brautwerber zurückweisend, versteckte sie sich hier vor den Nachstellungen ihrer Verehrer. (Eine ähnliche Geschichte erzählt man sich über eine Höhle beim türkischen Silifke, die ebenfalls als Grab Theklas verehrt wird.)

Ein schmaler Felsspalt, durch den im Frühjahr ein Bächlein plätschert, führt an mit Graffiti verunstalteten Grabhöhlen vorbei auf das Plateau über dem Dorf. Am Rand des Plateaus thront neben einem Hotel das melkitische *Kloster des heiligen Sergius* (Mar Sarkis). Die byzantinische Klosterkirche birgt zwei uralte Altartische, auf denen früher das Abendmahl zubereitet wurde. Nach der Führung verkauft Bruder Kellermeister hauseigenen Wein und Tonkassetten mit aramäischen Kirchengesängen.

Ⓗ **Safir,** ☎ (012) 77 02 50, FAX 77 02 55. In exponierter Lage über dem Dorf wird Komfort zu fürstlichen Preisen geboten. $$

Ⓡ **Mar Teqla,** in einem Pappelhain am oberen Ausgang der Schlucht. Familienfreundlich mit Kinderspielplatz. $

Homs: Innenansicht der Khalid-Ibn-al-Walid-Moschee

Das Nonnenkloster von Ma'lula

5

Seite 81

Die Sprache Jesu

Ma'lula ist eines von drei Dörfern, in denen die westaramäische Sprache noch nicht vergessen ist. Bevor es vom Arabischen verdrängt wurde, war Aramäisch die vom Orontes bis hinunter nach Saudi-Arabien gebräuchliche Verkehrssprache Vorderasiens. Auch Jesus sprach einen ganz ähnlichen Dialekt wie die Leute von Ma'lula, und so sind hier außer Sprachwissenschaftlern aus aller Welt auch Bibelforscher häufig zu Gast. Die aramäische Schrift beherrschen die Dörfler allerdings nicht mehr. In ihr sind die Bibeln der syrisch-orthodoxen Christen (die in Ma'lula nicht vertreten sind) geschrieben, doch wird jede Spalte von einem arabischen Text begleitet, denn anders würde selbst mancher Priester die Bibel nicht mehr verstehen. Auch ihre Liturgie feiern die Syrisch-Orthodoxen auf aramäisch – allerdings in der ostaramäischen Variante, die wiederum in Ma'lula nicht verstanden wird.

Praktische Hinweise von A–Z

Devisenbestimmungen

Die Ein- und Ausfuhr ausländischer Währungen ist frei. Lediglich Beträge im Gegenwert von mehr als 5000 US-$ müssen bei der Einfuhr deklariert werden. Syrische Pfund dürfen in beliebiger Höhe ein-, nicht aber ausgeführt werden.

Diplomatische Vertretungen

Deutsche Botschaft Damaskus: 53 Sh. Ibrahim Hanano, Malki,
☏ 33 23 80–0, -1, -2, FAX 332 38 12.
Umzug in die Sh.'Abd al-Mun'im Riyad geplant.
Österreichische Botschaft Damaskus: Immeuble Mohammed Naim, 152 Sh. Farabi, Mezze, ☏ 611 98 38,
FAX 611 67 34.
Schweizer Botschaft Damaskus: 26 Sh. Mahdi ben Baraka, Abu Rumane,
☏ 331 18 70, FAX 332 11 37.
Deutsches Honorarkonsulat Aleppo: 7 rue de la Banque Centrale,
☏ 22 15 64, FAX 21 32 43.
Österreichisches Honorarkonsulat Aleppo: Immeubles Pères Jesuites, Sh. Baron, ☏ 21 40 70, FAX 23 63 59.

Syrische Botschaft Deutschland: Andreas-Hermes-Str. 5, 53175 Bonn,
☏ (0228) 81 99 20, FAX 819 92 99.
Syrisches Generalkonsulat Österreich: Kärntner Ring 4, 1015 Wien, ☏ (01) 504 28 30, FAX 505 83 81
Syrische Botschaft Schweiz: Thunstr. 10, 3074 Muri, ☏ (031) 951 29 72,
FAX 951 81 19.

Einreisebestimmungen

Für die Einreise benötigt man ein Touristenvisum. Wer die Beschaffung nicht einem Reisebüro überlassen will, bestellt dazu (mit Freiumschlag) zunächst von der syrischen Botschaft seines Heimatlandes ein Antragsformular. Der Reisepaß muß zum Zeitpunkt des Visumantrags noch wenigstens sechs Monate gültig sein und darf keine israelischen Stempel enthalten. Anträge werden normalerweise innerhalb weniger Tage bearbeitet.

Wer länger als zwei Wochen im Land bleiben will, muß sich vor Überschreiten dieser Frist bei der Fremdenpolizei *(maktab al-hidjra wa l-djawazat)* melden – ein kleiner Grundkurs in syrischer Bürokratie. Vier Paßfotos sind mitzubringen; wer keine hat, findet in der unmittelbaren Nähe der Ämter Sofortbildfotografen. Mit dem sprichwörtlichen Antrag auf Erteilung eines Antrags gibt es vier Antragsformulare, viele Unterschriften, Stempel und schließlich eine Aufenthaltsverlängerung um weitere zwei Wochen. In Damaskus wird der Paß zur Bearbeitung einen Tag einbehalten, in den Provinzhauptstädten läßt sich die Prozedur an einem Vormittag erledigen.

Eintrittspreise

Museen und Ausgrabungen verlangen von Ausländern 100 oder 200 SP Eintritt. Wer einen internationalen Studentenausweis vorlegen kann, kommt mit 25 SP oder weniger davon.

Elektrizität

Die Stromversorgung (220 V) ist besser als ihr Ruf, und die früher häufigen Ausfälle sind selten geworden. Eurostecker, nicht aber Schukostecker (die mit den dicken Stiften) passen.

Feiertage

Die religiösen Feiertage richten sich nach dem islamischen Mondkalender und verschieben sich damit gegenüber dem Gregorianischen Sonnenkalender jedes Jahr um elf, manchmal auch zehn oder in Schaltjahren zwölf Tage. Am 18. April 1999 beginnt mit dem islamischen Neujahrsfest das Jahr 1420 d.H., nämlich nach der Hidjra, dem Einzug Mohammeds in Medina. Die wichtigsten Feiertage sind in zeitlicher Reihenfolge:

Geburtstag des Propheten (Mulid annebi); 7. Juli 1998; 26. Juni 1999, 15. Juni 2000. Beginn des Fastenmonats Ramadan 20. Dez. 1998; 9. Dez. 1999, 27. Nov. 2000. Fest des Fastenbrechens ('Id al-fitr) am Ende des Ramadan 20. Jan. 1999; 9. Jan. 2000, 27. Dez. 2000, jeweils vier Tage. Opferfest ('Id al-adha) 7. April 1998; 27. März 1999, 17. März 2000, jeweils vier Tage. Während der beiden letztgenannten Feste ruht das öffentliche Leben völlig. Im Fastenmonat, der den Gläubigen von Sonnenaufgang bis -untergang Essen, Trinken und Rauchen verbietet, sind tagsüber alle Aktivitäten stark eingeschränkt – in der Nacht geht es dann um so lebhafter zu.

Weltliche und christliche Feiertage sind: 1. Jan. Neujahr; 8. März Unabhängigkeits- und Revolutionstag; März/April Ostern; 17. April Tag des Abzugs der Franzosen; 1. Mai Tag der Arbeit; 6. Mai Tag der Märtyrer; 6. Okt. Tag der Veteranen und des Oktoberkriegs; 16. Nov. Tag der Korrekturbewegung (des Hafiz al-Assad). 25. Dez. Weihnachten. Der Wochenfeiertag fällt auf den Freitag (statt Sonntag).

Fotografieren

Foto- und Filmaufnahmen sind in Museen nicht gestattet. Auch bei militärischen Einrichtungen, Brücken und öffentlichen Gebäuden ist Enthaltsamkeit geboten. Die Höflichkeit gebietet es, Menschen vor deren Ablichtung um ihr Einverständnis zu fragen. Die orientalischen Spielregeln erfordern darüber hinaus, daß Frauen, egal ob verschleiert oder nicht, nur von Frauen um ein Bild gebeten werden. Wer später einen Abzug schickt, bleibt in guter Erinnerung.

Negativfilme sind überall erhältlich, bei Diafilmen, zumal hochempfindlichen, wird man seinen Bedarf nur in Aleppo und Damaskus mit einigem Suchen decken können. Achten Sie auf das Verfallsdatum.

Gastfreundschaft

Bei Einladungen läßt der arabische Ehrenkodex dem fremden Gast kaum die Chance, sich zu revanchieren. Um so mehr Fingerspitzengefühl ist deshalb angesagt. Eine Einladung zum Tee oder Kaffee wird man oft nicht ausschlagen können. Unschicklich wäre es dagegen, von einer armen Bauernfamilie ohne Not das Angebot eines kompletten Essens samt Übernachtung anzunehmen. Läßt man sich doch auf ein Essen ein, ist ein Blumenstrauß oder -gesteck das geeignete Gastgeschenk. Ein grober Fauxpas wären irgendwelche Nahrungsmittel oder gar Alkohol.

Geld

Währungseinheit ist das syrische Pfund (SP), das in 100 Piaster (Pt) unterteilt wird. Es sind Münzen zu 25, 50 und 100 Pt im Umlauf, dazu Noten zu 5, 10, 25, 50, 100 und 500 SP. Obwohl die syrische Währung inzwischen in unbegrenzter Höhe eingeführt werden darf, ist der Geldwechsel in Syrien selbst nur bei der Commercial Bank, in Hotels oder in autorisierten Wechselstuben erlaubt. Privatleuten, die beim Schwarzwechseln erwischt werden, drohen hohe Haftstrafen.

Reise- und Eurocheques werden nur von wenigen Zweigstellen der Commercial Bank angenommen, Geldautomaten gibt es keine. Kreditkarten werden von den Luxushotels und Mietwagenfirmen akzeptiert.

Gesundheit

Impfungen sind für Syrien nicht vorgeschrieben. Für die Sommermonate wird jedoch zur Malariaprophylaxe geraten, ganzjährig zu Hepatitis- und Typhusschutzimpfungen. Impfungen gegen Wundstarrkrampf und Kinderlähmung verstehen sich ohnehin von selbst.

Reisedurchfall ist in warmen Ländern die Hauptplage der Touristen. Auf der Oberfläche von Obst und Gemüse, manchmal auch in der Frucht (Melonen!), im blutigen Fleisch, im unzureichend gechlorten Leitungswasser (Eiswürfel!) und im nicht mehr ganz frischen Speiseeis warten Amöben, Bakterien und Wurmlarven auf ihre Stunde. Trinken Sie in der Hitze reichlich; wenn Montezumas Rache einmal zuschlägt, am besten Mineralwasser oder Tee mit Meersalz.

Auswahl *deutschsprachiger Ärzte* in Damaskus: Dr. Adnan al-Zein, Sh. Ain al-Kirsh (Nähe Zentralbank), ☏ 222 51 54; Dr. Elias Tawil (Lufthansa-Vertragsarzt), Sh. Salhiye, Immeuble Cinema Zahra, ☏ 221 61 07; Dr. Nazir Hajjar (Zahnarzt), Rawda Hospital, ☏ 333 83 92, priv. 333 99 50.
Krankenhaus: Am besten (und teuersten) ist das Shami Hospital, Damaskus, Sh. Ibrahim Hanano, ☏ 37 34 92–5/-6.

Ärzte wollen sofort bezahlt werden und berechnen für eine Konsultation mit Untersuchung etwa 300 SP. Im Shami-Krankenhaus rechne man pro Tag etwa 5000 SP. Lassen Sie sich eine detaillierte Rechnung mit Diagnose geben, um die Kosten später mit Ihrer Auslandskrankenversicherung abrechnen zu können.

Information

Auskünfte erteilen die Tourismusbüros in Damaskus und den Provinzhauptstädten (Adressen in den Routen- und Städtekapiteln). Ungeachtet des meist freundlichen Personals sind diese Büros jedoch wenig hilfreich und verteilen lediglich Gratis-Karten und Stadtpläne. In Deutschland, der Schweiz und Österreich gibt es bislang keine syrischen Fremdenverkehrsämter.

ℹ Tourismusministerium, Sh. Abu Firas al-Hamadi, P.O. Box 3763, Damaskus, FAX 224 26 36.

Kleidung

Auch im Sommer sind die Wüstennächte kühl und im Gebirge selbst die Tage ausgesprochen frisch. Pullover oder Jacken gehören deshalb immer ins Gepäck – nur der Regenschirm kann zwischen Mai und September zu Hause bleiben. Vor Fehltritten, Skorpionen und Schlangen schützt festes Schuhwerk – für gewöhnlich nehmen die Tiere allerdings vor Menschen rechtzeitig Reißaus.

Korrekte Kleidung wird in Syrien wichtiger genommen als in Europa.

Medien

Die offizielle und einzige englischsprachige Tageszeitung „Syrian Times“ besitzt nur geringen Informationswert. Ausländische Zeitungen treffen in Damaskus und Aleppo mit einigen Tagen Verspätung ein. BBC-Fans hören ihren Sender recht gut auf MW 1323 kHz.

Notruf

Ambulanz ☏ 90; Feuerwehr ☏ 91; Polizei ☏ 93.

Öffnungszeiten

Behörden: tgl. außer Fr 9–13.30 Uhr;
Banken: tgl. außer Fr 8.30–13 Uhr;
Büros, Ärzte: tgl. außer Fr ca. 8.30 bis 14, 16.30–19 Uhr.
Geschäfte: Es gibt keine festen Geschäftszeiten. Die Suqs in Damaskus und Aleppo öffnen erst gegen 10 Uhr und schließen gegen 21 Uhr, im Winter etwas früher. Viele Läden legen zwischen 14 und 17 Uhr eine Mittagspause ein. Muslime haben am Freitag, Christen am Sonntag Ruhetag.
Museen: Ruhetag ist der Dienstag.

Post

Die Post *(maktab al-barid)* ist billig, die Beamten sind schlecht bezahlt. Die Chance, daß Karten und Briefe bei den Lieben daheim auch ankommen, erhöht, wer (a) die Marken persönlich aufklebt und (b) die Post vor seinen

Augen abstempeln läßt. Sendungen nach Europa sind etwa eine Woche unterwegs. Wollen Sie jemandem in Syrien schreiben, müssen Sie, sofern dieser in einer größeren Ortschaft wohnt, seine Postfachnummer kennen, denn es gibt keine Briefzustellung.

Sicherheit

Syrien wird mit harter Hand regiert, und die Polizei (arab. *shurta)* steht bei Amnesty International und vielen Einheimischen nicht in bestem Ruf. Ausländern gegenüber zeigt sie sich jedoch, solange es nicht um Drogen oder „antisyrische Propaganda" geht, fast immer als Freund und Helfer von ihrer guten Seite und eskortiert etwa Autofahrer höflich aus der falsch befahrenen Einbahnstraße hinaus.

Nur die Verkehrspolizisten tragen eine Uniform, die Mitarbeiter anderer Abteilungen und der verschiedenen Sicherheitsdienste sind allenfalls an der Pistole im Gürtel zu erkennen. In den Millionenstädten Aleppo und Damaskus sind Diebstähle oder gar Überfälle seltener als in europäischen Metropolen.

Leider ziehen allein reisende Ausländerinnen, egal welchen Alters, zu jeder Tages- und Nachtzeit die Aufmerksamkeit der Männerwelt auf sich. Um möglichen Belästigungen zu entgehen, sollten v. a. Frauen auf korrekte Kleidung (keine ärmellosen T-Shirts oder kurze Hosen) achten.

Souvenirs

Als Mitbringsel bieten sich vor allem die Erzeugnisse syrischer Kunsthandwerker an (siehe S. 19). Aber auch industriell gewebte Seidenstoffe und Brokatwesten sind etwas Besonderes von bleibendem Wert. Kleine Köstlichkeiten wie etwa die in manchen Bäckereien verkauften Sesamkekse versüßen die Heimreise. Antiquitäten dürfen nur mit einer Sondergenehmigung der Antikenverwaltung außer Landes gebracht werden.

Telefon

Stadtgespräche kosten am Münzautomat 1SP. Auslandsgespräche führt man am preiswertesten (3 Minuten 300 SP) von den Telefonämtern *(markaz a-hatif)*. Dort werden auch Karten (zu 200, 500, 1000 SP) für die wenigen Kartentelefone verkauft, die vor den Telefonämtern stehen. Große Hotels verfügen über Satellitenverbindungen. Vorwahl Deutschland: 00 49; Österreich 00 43; Schweiz 00 41; Syrien 00 963.

Trinkgeld

In Restaurants sind bis zu zehn Prozent der Rechnungssumme als Trinkgeld üblich. Taxifahrer erwarten eine Aufrundung des Fahrpreises, doch sollten Sie nur jene belohnen, die Ihnen nicht sowieso einen überhöhten Fahrpreis abverlangen. Auch das Zimmerpersonal der Hotels ist für eine kleine Aufmerksamkeit dankbar.

Zeit

In Syrien gehen die Uhren gegenüber der MEZ eine Stunde vor. Da der Wechsel zwischen Sommer- und Winterzeit nicht unbedingt am gleichen Wochenende wie bei uns erfolgt, kann der Zeitunterschied kurzfristig auch zwei Stunden betragen oder ganz wegfallen.

Zoll

Zollfrei dürfen persönliche Gegenstände, bis zu 200 Zigaretten, Spirituosen mit 0,25 l Alkohol und Parfüm für den Reisebedarf eingeführt werden. In der Praxis interessiert sich der syrische Zoll bei Touristen allenfalls für politisches Schrifttum. Bei der Rückreise in die EU oder die Schweiz dürfen zollfrei mitgebracht werden: 200 Zigaretten, 2 l Wein, 2 l andere alkoholische Getränke bis 22 % Alkoholgehalt oder 1 l Höherprozentiges (Schweiz: 2 l einschl. Wein bis 15 % Alkohol oder 1 l mit höherem Alkoholgehalt). Mitbringsel im Gesamtwert von 115 bis 420 DM werden mit bis zu 16 % besteuert – eine Quittung des Händlers ist von Vorteil.

Register

Orts- und Sachregister

Personenregister

Langenscheidt Mini-Dolmetscher

Zur Aussprache

h bezeichnet ein kräftig gehauchtes h (kein ch).
ß, s, d, t und k bedeutet, daß diese Konsonanten mit Nachdruck gesprochen werden.
r wird (im Gegensatz zum sonst mit der Zungenspitze gerollten r) kehlig gesprochen (wie in karg).
[ª], der sog. Ain-Laut, ist ein kehliger Knacklaut und klingt fast wie ein gewürgtes a.
~~sch~~ ist ein stimmhaftes sch wie in Journal.

Allgemeines

Guten Morgen	ßa**bahh**‿el**chehr**
Guten Tag (allg.)	**mar**haba
Guten Abend	ma**ßah**‿el**chehr**
Hallo!	**mar**haba
Wie geht's?	zu Mann: kihf **hah**lak zu Frau: kihf **hah**lik
Danke, gut.	**schuk**ran, **kwaj**·jis
Ich heiße ...	ana **iß**mi ...
Auf Wiedersehen!	ilal·li**kah**
Morgen	ßa**bahh**
Nachmittag	baªda‿**duh·r**
Abend	ma**ßah**
Nacht	lehl
morgen	**buk**ra
heute	el**johm**
gestern	el**bah**riha
Sprechen Sie Deutsch / Englisch?	zu Mann: bitit**kal**·lam al**mah**ni / ing**lih**si zu Frau: bitit**kal**·lami al**mah**ni / ing**lih**si
Wie bitte?	**na**ªam
Ich verstehe nicht.	ana mah‿fa**himt**
Sagen Sie es bitte noch einmal.	zu Mann: rad**~~sch~~ah**·an **mum**kintə·**uhl** **mar**·ra **tahn**ja zu Frau: rad**~~sch~~ah**·an **mum**kin tə·**uh**li **mar**·ra **tahn**ja
..., bitte.	rad**~~sch~~ah**·an ...
danke	**schuk**ran
Keine Ursache.	ª**af**wan
was / wer / welcher	schu / mihn / **eh**na
wo / wohin	wehn / la**wehn**
wie / wieviel	kihf / kam
wann / wie lange	**ma**ta / limudət‿**kam**
Wie heißt das?	schu‿ißm‿**hah**da
Wo ist ...?	wehn ...
Können Sie mir helfen?	zu Mann: **mum**kin təßahª**ed**ni zu Frau: **mum**kin təßahª**edih**ni
ja	**na**ªam
nein	lah
Entschuldigen Sie.	ª**af**wan
Das macht nichts.	maª**lehsch**

Sightseeing

Gibt es hier eine Touristeninformation?	fih‿**hohn** **mak**tab istiªlah**maht** ßi**jah**hi
Haben Sie einen Stadtplan?	zu Mann / Frau: fih ª**an**dak / fih ª**an**dik mu**chat·tat** lilma**dih**na
Wann ist ... geöffnet?	**ma**ta **juf**tah ...
Wann ist ... geschlossen?	**ma**ta **jur**lak *oder* **ma**ta **ju**ßakar ...
das Museum	al**ma**thaf
die Moschee	al**mas**d~~sch~~ed *oder* ald**~~sch~~ah**miª
die Kirche	alka**nih**ßa
der Tempel	al**ma**ªbad
die Festung	al(k)**al**ªa *oder* al**husn**
das Heiligengrab	alma**sahr**
die Ausstellung	al**ma**ªrad
Rufen Sie mir bitte ein Taxi.	zu Mann: ra**d~~sch~~ah**·an **it**lub‿li **tak**ßi zu Frau: ra**d~~sch~~ah**·an itlu**bi**‿li **tak**ßi
Was kostet das Taxi für einen (halben) Tag / die Fahrt nach ...?	kam ju**kal**·lef a**tak**ßi (li**niß**‿) johm / min‿**hohn** ila ...

Shopping

Wo gibt es ...?	**wehn**‿fih ...
Wieviel kostet das?	kam ßeªr‿**hah**da
Das gefällt mir (nicht).	**hah**da (mah‿)aª**d~~sch~~ab**ni
Gibt es das in einer anderen Farbe / Größe?	fih **mi**no **rehr**‿lohn / fih **mi**no **rehr**‿ijahs
Ich nehme es.	ana **bah**chud **hah**da
Wo ist eine Bank?	wehn‿fih‿**bank**
Ich möchte Geld wechseln.	ana **bi**di **as**ruf ma**ßah**ri
Geben Sie mir 100 g Käse / zwei Kilo Orangen.	aª**tih**ni miht gram **dschib**ne / tnehn **kih**lo burt·**ahn**
Haben Sie deutsche Zeitungen?	fih ª**and**kon dscha**rah**jed almah**nih**je
Wo kann ich telefonieren?	wehn **mum**kin a**cha**ber bi**ta**lifohn
Wo kann ich eine Telefonkarte kaufen?	wehn **mum**kin asch**te**ri kart‿**ta**lifohn

Notfälle

Ich brauche einen Arzt / Zahnarzt.	**a**na **bi**di ta**bihb** / ta**bihb**-aß**nahn**
Rufen Sie bitte einen Krankenwagen / die Polizei.	zu Mann: ra**dsehah·**an **cha**bir ßaj·**jah**rat iß^{a}**ahf** / albuh**lihs** zu Frau: ra**dsehah·**an **cha**biri ßaj·**jah**rat iß^{a}**ahf** / albuh**lihs**
Wir hatten einen Unfall.	ßahr **ma**^{a}ana **hah**dis
Wo ist das nächste Polizeirevier?	wehn **a·a**rab **mach**far lisch·**schur**ta
Ich bin bestohlen worden.	ßara·**uh**ni
Mein Auto ist aufgebrochen worden.	**fa**tahu ßaj·**jahr**ti

Essen und Trinken

Die Speisekarte, bitte.	ra**dsehah·**an **lis**tit‿ata·**ahm**
Brot	**chu**bis
Kaffee	**ah**·we
Schwarzer Tee	schahj
mit Milch	ma^{a}‿ha**lihb**
mit Zucker	ma^{a}‿**su**kar
Orangensaft	^{a}a**ßihr** burtu·**ahn**
Mehr Kaffee, bitte.	ra**dsehah·**an ka**mahn** **ah**·we
Suppe	**schor**ba
Fisch	**ßa**mak
Meeresfrüchte	nabah**taht** ba**hrih**je
Fleisch	**la**him
Geflügel	da**dsehahdseh**
Vorspeisen	mu(k)abi**laht**
Kartoffeln	ba**tah**ta
Reis	rus
Nudeln	mu^{a}adseha**naht**
Kichererbsenpüree	hə**moss**
Olivenöl	ßeht ßeh**tuhn**
vegetarische Gerichte	wadsch**baht** nabah**tih**je
Eier	behd
Salat	**ßa**lata
Dessert (u. a. süßes Gebäck)	hilui**jaht**
Obst	fa**wah**kih
Eis	**buh**sa
Wein	ni**biht**
weiß / rot / rosé	**ab**jad / **a**hmar / al**mah**ßi
Bier	**bih**ra
Wasser	maj
Mineralwasser	maj ma^{a}da**nih**je
Mineralwasser mit Kohlensäure	maj **rah**sije
M. ohne Kohlensäure	maj bi**duhn** rahs
Limonade	limo**nah**da
Frühstück	fu**tuhr**
Mittagessen	ta^{a}**ahm** alra**dah**
Abendessen	ta^{a}**ahm** al^{a}a**schah**
eine Kleinigkeit	**wadseh**ba cha**fih**fa
Ich möchte bezahlen.	zu Mann: alhi**ßahb** min **fad**lak zu Frau: alhi**ßahb** min **fad**lik
Es war sehr gut.	kahn mum**tahs**

Im Hotel

Hotel	**fun**dok *oder* **otehl**
Ich suche ein gutes Hotel.	**a**na **bi**di o**tehl** **dsehaj**·jid
Ich suche ein nicht zu teures Hotel.	**a**na **bi**di **fun**dok mu‿**rah**li kə**tihr**
Ich habe ein Zimmer reserviert.	**a**na ha**dsehast** **rur**fe
Ich suche ein Zimmer für ... Personen.	**a**na **bi**di **rur**fe li ... asch·**chahs**
Mit Dusche und Toilette.	ma^{a}‿duhsch watu·**aleht**
Mit Balkon.	ma^{a}‿bal**kohn**
Mit Blick aufs Meer.	ma^{a}‿biti**dschah·**h al**bahr**
Wieviel kostet das Zimmer pro Nacht?	kam ße^{a}r al**rur**fe ^{a}an kul **leh**le
Mit Frühstück?	ma^{a}‿alfu**tuhr**
Kann ich das Zimmer sehen?	**mum**kin a**schuhf** al**rur**fe
Haben Sie ein anderes Zimmer?	rehr hal**rur**fe
Das Zimmer gefällt mir (nicht).	hal**rur**fe (mah‿)a^{a}dseha**bit**ni
Kann ich mit Kreditkarte bezahlen?	**mum**kin **ad**fa^{a} alhi**ßahb** bilkre**diht**kart
Wo kann ich parken?	wehn **mum**kin a**wa·**ef ßa**jar**ti
Können Sie das Gepäck in mein Zimmer bringen?	**mum**kin tə**dsehih**bu ar**rah**di lil**rur**fe
Haben Sie einen Platz für ein Zelt?	fih ^{a}and**kom** ma**kahn** li**naßb** **cheh**ma
Wir brauchen Strom / Wasser.	**ni**hna min**rihd** kah·ra**bah** / maj
Das Licht geht nicht.	a**dau** mab**jisch**^{a}ul
Die Toilettenspülung funktioniert nicht.	atu·a**leht** mabjisch**ti**ril